KTA 대한태권도협회

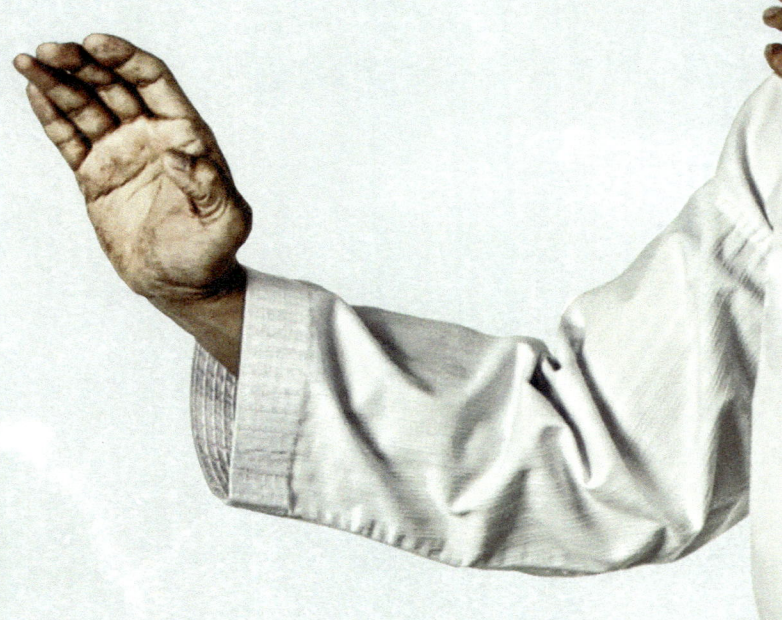

KTA 도장지원사업 교육과정 두번째 교재 2 개정판

태권도 실전 손기술
Hand Techniques of Taekwondo for Actual Fighting

QR코드를 이용한
KTA 태권도 실전 손기술

도장 지도자를 위한 손기술 지도법 72회 프로그램 수록.
Includes a 72 session program for masters to use for teaching their students.

애니빅

태권도 실전 손기술
Hand Techniques of Taekwondo for Actual Fighting

저　　자	엄재영, 안재로, 정인철 (Jae Young Eom, Jae Ro Ahn, In Choul Jeong)
번　　역	정인철
번역감수	Andy Jeffries
초판발행	2017년 04월 28일
발 행 인	이상혁
표지디자인	이수연
편집디자인	전상은
사　　진	구현성
영　　상	엄재영, 안재로, 정인철, 백영훈, 박기태
펴 낸 곳	주식회사 애니빅
주　　소	서울시 영등포구 경인로 82길 3-4 (문래동 1가 센터플러스 716호)
대표전화	02-2164-3840
홈페이지	www.anibig.com
손기술협회	http://blog.naver.com/hta2017
이 메 일	0221643840@hanmail.net
등록번호	제2008-000010호

Anibig 애니빅

가격 29,000원

ISBN 979-11-87537-07-6 13690

ⓒ 저작권은 작가에게 있습니다. 작가와 합의해 인지는 생략합니다.
* 잘못 만들어진 책은 구입하신 서점에서 교환해 드립니다.

copyright ⓒ by Anibig Co., Ltd
Printed in KOREA

추천사

대한태권도협회 도장지원 사업이 어느덧 7년 차를 맞이하고 있습니다.

지난 5월 체육계 최초로 교육부장관으로부터 'KTA 태권도인성교육'이 인증을 받고 지도자를 위한 인성교육 지침서가 발간된 데 이어 두 번째로 'KTA 태권도실전손기술'이 나왔습니다.

본 지도서는 손기술의 기술체계를 기본동작과 품새 속에서 찾음으로써 기술의 체계를 확립합니다. 이는 일선 지도자들과 대중들에게 화려한 손기술들과 관련된 체계를 선보인다는 중요한 의미와 가치가 있습니다. 기술의 재정립을 위한 이러한 노력을 통해 도장 수련층의 다양화는 물론 모든 국민이 즐기는 태권도로 거듭날 것이라 확신합니다.

앞으로도 대한태권도협회는 도장교육개발과 지도자 교육을 지속적으로 지원함으로써 도장이 활성화될 수 있도록 하겠습니다.

끝으로 이 책이 세상에 나오기까지 수고한 저자들에게 축하의 말을 전합니다.

2013. 11

대한태권도협회 회장 김 태 환

목차
Table of contents

Chapter 1. "손기술이란 무엇인가?" / 9
"What is the hand technique of Taekwondo?"

1. 태권도 손기술("태권도의 핵심"은 (실전을 위한) 무술이라는 점이다) · 10
   Hand techniques of Taekwondo ("The essence of Taekwondo" is a martial art for actual fighting)

2. "손기술"이란 무엇인가? · 14
   What is the "Hand technique?"

   1) 태권도 손기술의 원리 · 14
      The principle of hand techniques in Taekwondo

   2) 몸놀림(身法) · 15
      Movement

   3) 손기술의 숨어있는 힘 · 16
      The power of hand techniques

Chapter 2. 태권도 손기술의 자세와 중심이동 / 17
The basic position of hand technique and moving weigh

1. 실전을 위한 태권도의 서기 (모 주춤서기) · 18
   Taekwondo stance for actual fighting (Mojuchum seogi)

2. 뒷굽이 (방어형 서기) · 19
   Dwitgubi (back stance)

3. 중심이동과 발놀림 · 20
   Moving weight and footwork

   1) 모주춤서기에서의 5가지 발놀림 · 20
      5 phases of footwork in "Mojuchumseogi".

   2) 중심 낮춰 피하기 · 25
      Parrying by lowering the body

   3) 중심선 이동하며 피하기 · 26
      Parrying by moving the center of gravity

Chapter 3. 손기술 공격법 / 29
Offensive hand techniques

1. 손기술 기본지르기 1~6번 · 30
   6 Phases of basic punching

2. 손기술 연결지르기 1~12번 · 38
   12 Phases of punch combinations

Chapter 4. 손을 펴고하는 공방법 / 51
Other Hand Skills (aside from punching skills)

1. 바탕손치기 1~5번 · 53
   5 Phases of "Batangson Chigi(Palm hand striking)"

2. 팔굽치기 1~2번 · 58
   2 Phases of "Palkup Chigi(elbow striking)"

3. 손날등치기 · 61
   Sonnal deung Chigi (reverse knifehand strike)

4. 아귀손목치기 · 62
   Agwison Mok Chigi (arc hand striking)

5. 손날목치기 · 63
   Sonnal Mok Chigi (knifehand strike)

6. 굽힌손목치기 · 64
   Guppin sonmok Chigi

7. 맞추어 기본 공,방법 1단계 주먹 · 65
   Machuo Gyeorugi basic step 1 (jumeok)

8. 맞추어 기본 공방법 3단계 실전 · 70
   Machuo Gyeorugi basic step 2 (Actual)

Chapter 5. 차기 방어법 / 81
How to block your enemy's kicks

1. 걷어막기 · 82
   Geodeomakgi

2. 파트너 훈련 · 84
   Partner training

Chapter 6. 아래 돌려차기 / 89
Arae Dollyo chagi (low roundhouse kick)

1. 아래 돌려차기의 핵심 · 91
   Key points of Arae dollyo chagi
   1) 아래 돌려차기의 목표지점 · 92
      The target of Arae dollyo chagi
   2) 4단계 아래 돌려차기 · 93
      4 Steps of Arae dollyo chagi

Chapter 7. 도구를 사용한 손기술 훈련 / 99
Hand technique training with tools

Chapter 8. 단련 / 111
Conditioning

- **1. 단련이란 무엇인가? · 112**
  What is conditioning?

- **2. 태권도를 위한 단련 · 114**
  Conditioning for Taekwondo

- **3. 손기술과 단련 · 117**
  Hand technique and conditioning

Chapter 9. 손기술 지도법 72회 프로그램 / 143
Teaching Hand techniques - '72 session program'

태권도 실전 손기술
Hand Techniques of Taekwondo for Actual Fighting

Chapter 1

태권도 손기술이란 무엇인가?

"What are the hand technique of Taekwondo?"

Chapter 1 태권도 손기술이란?
"What are the hand technique of Taekwondo?"

1. 태권도 손기술 Hand Techniques of Taekwondo

"태권도의 본질"은 실전을 위한 무술이다. 만약 "태권도의 본질"을 알고 싶다면 국기원 교본을 참조하는 방법이 있다. 국기원 교본은 태권도가 싸움을 위한 무술이라고 말한다. 국기원 1,2급 지도자 교재에서도 같은 말을 하고 있다. - "태권도는 상대를 쓰러트리기 위한 무술이다."(국기원 태권도1,2급지도자 연수교재188쪽) 이는 태권도의 정체성에 관한 아주 주요한 내용이다.

If we want to know "the essence of Taekwondo", we should study the Kukkiwon Taekwondo textbook as this is the authoritative source of definition for our art. The textbook says that the essence of Taekwondo is a martial art used for actual fighting. The 1st and 2nd class Master Course Textbook (for Kukkiwon Taekwondo Master Training Course attendees) says the same thing - "Taekwondo is a martial art for knocking down enemies."(Kukkiwon Master Course Textbook). This is very important and we should remember this.

태권도 초기에는 시합에서 손기술을 지금보다 더 많이 사용하곤 했었다. "제1회 세계선수권대회(1973)에서 한국선수들이 득점 위주의 작전으로 발기술보다 손기술을 많이 사용했다는 지적을 받기도 했다."(태권도 현대사와 길동무하다. 서성원. 상아 애니빅)

In the early phase of Taekwondo's history, people usually used much more hand techniques in competitions than they have in more recent times. "At the 1st World Taekwondo Championship in 1973, Korean athletes used hand techniques more than kicking because punches were scored in the competition and they were easier to use. " [Modern History of Taekwondo, Soung won Seo, Sang-a Taekwondo Anibig]

불행하게도 이제는 시합에서 손기술을 거의 사용하지 않는다. 왜냐하면 태권도는 스포츠적인 측면에서 많이 발전해왔고, 스포츠 경기규칙상 손기술은 득점으로 연결되기가 힘들기 때문이다. 결과적으로 많은 사람들이 태권도를 무술이 아닌 스포츠로 인식하게 되었고, 더 이상 손기술은 배우지도, 가르치지도 않게 되었다.

Unfortunately, hand techniques are rarely used in Taekwondo competitions any more because Taekwondo has been developed only as a sport and hand techniques rarely score under the modern rules. Consequently lots of people think Taekwondo is a just sport and there are no hand techniques taught.

이런 상황을 비유적으로 설명하자면, 복싱을 처음 배울 때, 서기와 발놀림을 가장 먼저 배운다. 그리고 잽과 스트레이트를 배우고 계속하여 다른 여러 가지 기술들을 배우게 된다. 스텝, 워킹, 펀치, 위빙, 더킹, 등등 이런 것들이 복싱의 기본 요소들이다. 만약 어떤 이가 이런 기본 기술들을 충분히 훈련하고 숙달시킨다면 그는 자연스럽게 스파링을 할 수 있는 준비가 갖추어진다. 기본기술을 충실하게 연습하면 싸울 수 있는 구조, 이것이 합리적인 무술의 단계이고, 좋은 무술들은 대부분 이렇게 골격이 형성되어 있다.

I'd like to speak figuratively for explaining this situation. To learn boxing, you first learn the stance and footwork. After that you can learn jab and straight first, then many other punching skills. Steps, walking, punching, weaving, ducking, those are the basic movements of boxing. If someone trains in these basic movements then they would be ready for sparring. This is a reasonable sequence of martial arts training and most martial arts have a sequence like this.

태권도의 경우, 기본동작과 품새에 숙련 되었다고 해서 그 기술들을 실제 싸움에 적용할 수 있는 것은 아니다. 왜냐하면 태권도의 기본동작의 형태는 실제 싸움에서 사용하는 자세와 거리가 있기 때문이다. 기본동작은 그 자체로 무술적 완성이라기 보다는 힘을 만들어 사용하기 위한 몸놀림을 익히는 체계이다.

In the case of Taekwondo, you can be very skilled at basic movements and poomsae but you still might not be able to apply those hand techniques well in a fight, because the basic movements of Taekwondo are different from the techniques used in a real fight. Basic movements are just for learning the principles of generating power.

우리는 그러한 기본 기술들을 실전에 응용할 수 있어야 한다, 그래서 태권도에는 기본 기술을 실전에서 응용하기 위한 훈련체계가 필요한 것이다. 여러분도 알다시피 태권도는 훌륭한 무술이고 특별히 수많은 종류의 손기술과 강력한 차기 기술이 존재한다. 그런데 다양한 손기술을 가지고 있음에도 불구하고, 우리는 스파링이나 시합에서 거의 사용을 하지 않는다. 참으로 안타까운 현실이다.

We need to be able to apply them in a real situation, so there should be enhanced forms of basic movements in Taekwondo that are more directly applicable; but there hasn't been any new versions of basic movements for actual fight scenarios so far. Taekwondo is a great martial art and it has so many hand techniques and kicking techniques. Especially there are lots of hand techniques in Taekwondo but we don't use them in normal sparring.

태권도는 단순히 스포츠이기만 한 것이 아니라 무술이라는 사실을 잊지 말아야 한다. 자, 그렇다면 태권도에는 얼마나 많은 손기술들이 있을까?

However, we have to remember Taekwondo is not just a sport but it's also a martial art. How many hand techniques are in Taekwondo?

태권도의 기술들
[The skills of Taekwondo]

공격 [offense]

공격(지르기) Offense (punch)	공격(치기) Offense (striking)	공격(찌르기) Offense (thrusting)	공격(차기) Offense (kicking)	손기술 Hand skills	차기 Kicks
23	49	9	41	73	41

방어 [defense]

(팔목을 사용한) 방어 Defense (by wrist)	(손날을 사용한) 방어 Defense (using the knifehand)	특수막기 Special defense	(다리를 이용한) 방어 Defense (using the leg)	손기술 Hand skills	차기 Kicks
29	35	16	9	80	8

놀랍지 않은가! 공격기술에 73개의 손기술과 41개의 발차기가 있고, 방어기술에는 80개의 손기술과 8개의 발기술이 존재한다. 방어의 경우에는 손기술이 발기술의 10배가 많다. 그런데도 우리는 겨루기를 할 때 손기술을 거의 사용하지 않는다. 참 흥미로

우면서도 안타까운 부분이다. 어째서 우리는 손기술을 사용하지 않는 것일까? 다시 말하지만 태권도는 명백히 무술이다. 때문에 우리는 손과 발을 모두 수련해야 하고, 기본동작과 품새의 유용한 동작들을 실제로 응용할 수 있도록 훈련해야 한다. 사실 우리 집필진들은 오랜시간 이 주제를 가지고 연구해왔다. 지금부터 그 연구의 결과물을 여러분과 나누려고 한다.

It's amazing! There are 73 different hand techniques and 41 different kicks considered as offensive techniques; 80 hand techniques and 8 kicks used defensively. There are ten times more hand techniques than kicks used for defense, but we barely use hand techniques when we are doing sparring. This is very interesting, why don't we use more hand techniques? Taekwondo is a martial art, so we should train not only our kicks but also our hand techniques and there has to be applications of the basic movements and movements found in our poomsae that would be useful. Actually, we have been studying this for a long time and we'll show you the results of our studies.

2. "손기술"이란 무엇인가? What are "Hand Techniques"?

1) 태권도 손기술의 원리 The principle of hand techniques in Taekwondo

태권도 손기술을 이해하려면, 우선 무술의 원리를 이해하는게 좋다. 손기술이란 어깨부터 손끝까지의 신체부위로 하는 기술을 뜻한다. 우리가 이것을 할 때, 우리의 어깨 근육은 적절히 이완되어야 한다. 그리고 우리 몸의 급소(명치, 눈, 코, 인중등)를 보호하기 위하여 두 팔은 가슴 앞에 위치해야 하고, 손과 팔꿈치는 몸통의 양 끝선을 벗어나지 않도록 자세를 취한다(닭날개 펴듯이 팔꿈치를 바깥쪽으로 들어 올린 자세는 좋지 않다). 지르기를 할 때, 지르는 것만 중요한 게 아니라, 지르고나서 빠르게 잡아 당기는 횟수와 동자도 매우 중요하다. 만약 손을 빠르게 당길 수 있다면, 작용과 반작용의 원리에 의해 더 강한 지르기를 할 수 있을 것이다.

To understand hand techniques of Taekwondo, we should know the universal principles of all martial arts. Hand techniques mean a movement using the arms. When we do it, our shoulder should be relaxed. To protect the vital points of our body (solar plexus, eyes, nose, philtrum, etc) our arms should be held in front of the chest, the hand and elbow have to be inside the vertical lines formed by the sides of the trunk(not elbows out like chicken wings). When punching, it is very important not only to throw the punch but also to pull it back sharply. If we can pull our hand back quickly, it will make the punch much stronger by the principle of action and reaction force.

2) 몸놀림(身法) Movement

여러분도 알다시피, 대부분의 동물들은 4개 혹은 그 이상의 다리로 걷지만, 인간은 두발로 걷기 때문에 물리적인 관점에서 볼 때 동물들보다 훨씬 불안정한 보행을 한다. 그래서 우리는 움직일 때 우리 몸의 중심부 근육(core muscles)을 잘 제어 해야한다. 안정된 보행을 위해서는 허리를 곧게 펴고 중심선을 세우며 중심부 근육 중 특히 골반 부위가 잘 정렬되는 것이 중요하다.

As you know, most animal walks using four or more feet (stable) but the human being walks on two feet(not as stable from a physical point of view). So we have to control our core to make a movement. It's very important that our back is kept straight to ensure the centerline and core are correctly aligned for stability.

3) 손기술의 힘 The power of hand technique

보법(발놀림)이 안정되지 않으면 권(拳)이 어지럽고 보법이 빠르지 않으면 권(拳) 느리게 된다."(권법요결44쪽)

"If the footwork is not stable the punch would be disordered, if the footwork is not fast the punch would be slow." [The key of martial arts of fist (拳法要訣)]
- Traditional martial arts book of Korea.

이 말은 곧 '작용과 반작용의 원리', 그리고 '각 분절의 유기적인 연결'이 힘을 발생시키는데 있어 매우 중요한 요소라는 의미이다. 즉, 강한 펀치는 강한 다리에서 나오는데, 발이 땅을 박차서 얻는 지면의 반발력으로 펀치의 힘이 처음 발생되고, 그 힘은 다리, 허리, 어깨, 팔꿈치, 그리고 주먹으로 전달된다. 때문에 하체가 강하고 견고해야 강한 힘을 낼 수 있다.

This means that 'ground reaction force' and 'kinetic linking' are very important concepts in generating power. It means that a strong punch is caused by strong legs. The punch is started using the ground reaction force, by the foot pushing into the ground, and the force travels up through leg, waist, shoulder, elbow and finally transferred to the hand.

That's why the legs have to be strong and hard for generating maximum power.

Chapter 2

손기술 기본 자세와 중심 이동

The basic position for hand technique and moving your weight

Chapter 2 — 손기술 기본 자세와 중심 이동
The basic position for hand technique and moving your weight

1. Taekwondo stance for actual fighting (Mojuchum seogi)
실전을 위한 태권도의 서기 (모 주춤서기)

태권도의 서기 자세는 다양한 종류가 있다. 경기겨루기 자세인 앞주춤서기, 모주춤서기. 뒷굽이, 범서기등이 있는데, 오늘날 태권도의 발놀림은 실용적이어서 무게중심을 이동하는데 효과적이다. 태권도 경기겨루기의 발놀림(딛기)은 세계 입식 타격계 무도스포츠의 발놀림(스텝)을 모두 바꾸어 놓았다. 일본의 가라데 경기에서도 요즘은 태권도의 발놀림(스텝)을 사용하는 것을 보면 태권도의 발놀림(딛기)이 그만큼 실용적이라는 방증이다. 앞주춤서기 자세는 올림픽 경기 룰에서 겨루기 위해서는 최상의 자세이지만, 실전에서 손을 쓰는 것에 있어서는 불리한 자세이다. 앞발과 뒷발이 일직선 상에 놓여있기 때문에 그만큼 뒷손의 길이가 상대로부터 멀어서 손으로 상대를 공격하기에 부적합하다. 반면 모주춤서기는 옆으로 한 발바닥 너비의 서기와 뒤꿈치가 약간은 들려있는 자세인데, 발과 손을 다양하게 사용하기에 좋은 서기이다. 이 자세는 일반적인 종합 격투기 자세와도 흡사하다.

There are many different stances in Taekwondo, for example, "Ap juchumseogi", the stance for competition ,"Mojuchum seogi", "Dwit gubi ", "Apkubi", " Beomseogi", etc. Nowadays Taekwondo's footwork is so practical that people can move their weight so easily. That's why Karate players use it in the competition too.

"Ap juchum seogi" is very useful stance for playing in the olympic style competition but it's not suitable for a real fight. It is very hard to use our both arms in this stance because the rear hand is so much further from the opponent than the front hand. However we can easily use our both arms if we fight from the "Mojuchum seogi" position.

모 주춤서기(자세는 오른발이 뒤에 있는 것을 기본으로 한다)

2. 뒷굽이 (방어형 서기) Dwitgubi (backward inflection stance)

날아오는 주먹을 흘려 막고 돌려막고 걸쳐 막고 쳐낼 수 있도록 주먹을 쥐기보다 지긋이 펴는 것이 좋으며 서기는 뒷굽이 자세에서 뒤축을 약간 돌리는 자세로 한다. 무게의 중심이 약간 뒤로 있기 때문에 들어오는 공격을 손쉽게 막아낼 수 있으며 앞발의 공격도 용이하게 사용할 수 있다.

It is a useful stance for defending with the hands and useful for kicking with the front foot because the bodyweight is on the back foot.

3. 중심이동과 발놀림 Moving Your Weight and Footwork

방어와 공격을 위해 몸의 중심을 이동하는 것은 매우 중요하다. 발놀림은 중심을 이동하고 균형을 잡는데 중요한 역할을 하는데, 발놀림을 하기 이전에 실전에서 실용적으로 쓰일 수 있는 서기가 무엇인지 알아야 한다. 앞서 말했듯이, 가장 좋은 선택은 바로 "모주춤서기"이다.

It is very important to move your weight for defending and attacking. Footwork plays an essential role in shifting weight and balance so we should recognize the importance of the stance for actual fighting. As you've already read, the best choice for that is "Mojuchumseogi".

1) (모주춤서기 자세에서의) 중심이동 5단계

5 phases of footwork in "Mojuchumseogi". (in the case left foot is front, both feet's degree is 45°)

단계 Phase	동작 Movement
1	앞발 내딛기 Stepping forward
2	뒷발 물러 딛기 Stepping backward
3	앞발 왼방향 옆 딛기 Stepping to the left
4	뒷발 오른방향 옆딛기 Stepping to the right
5	발 바꿔 딛기(발 바꾸기) Changing stance

● **Step 1. 앞발 내딛기** Sliding forward

이 말은 앞으로 이동하는 방법을 말하는데 경기겨루기에서 나오는 발놀림과 동일하다. 앞발을 먼저 들어 미끄럼 발을 사용하여 앞으로 전진을 하고 뒷발은 자연스럽게 따라오도록 수행한다. 그래야 뒷발을 추진체로 삼아 앞발로 이동할 수 있기 때문이다.

This stance is for sliding forward and it's just like the stance of the olympic style sparring. When you start to move the front foot you have to push the ground with the back foot to use the "ground reaction force". The front foot should slide quickly over on the ground and at the same time the back foot must follow it immediately.

● **Step 2. 뒷발 물러딛기** Sliding backward

이번 단계는 1단계의 순서를 역순으로 수행하는 과정을 말한다. 상대가 공격해 오는 것을 피하거나 방어할 때 사용하는 발놀림으로 앞발을 추진체로 삼아 뒤로 밀면 자연스럽게 뒷발이 미끄럼 발이 되면서 뒤로 중심이 이동(딛기)된다. 이때 뒤로 민 앞발을 자연스럽게 뒷발을 따라가게 하는 동작이다.

This is the opposite pattern to sliding forward and is for moviing backwards. When you start to move the back foot you have to push the ground with the front foot to use the "ground reaction force". The back foot should slide over the ground and at the same time the front foot must follow it quickly.

● Step 3. 앞발 왼방향 옆딛기 Stepping to the left

제 3단계의 동작부터는 경기 겨루기와 약간 다른 동작 수행을 한다. 이 동작은 앞쪽에 있는 왼발을 살짝 들어 왼쪽으로 옆 딛기를 한다. 그리고 시선은 항상 전방을 주시하고 서기는 손기술을 언제든 구사해야 하기 때문에 발의 각도는 45°를 유지해야 한다.

This footwork is for moving to the left. Lift up the front foot and move it to the left, and at the same time move the back foot in the same way.

● **Step 4. 뒷발 오른방향 옆딛기** Stepping to the right

3단계의 동작과 원리는 같지만 뒷발을 오른쪽으로 들어 이동하면서 앞발을 자연스럽게 따라오는 동작이다. 이 동작 역시 전방을 주시하고 항상 손기술을 구사할 수 있는 자세를 유지한다.

This footwork is for moving to the right. Lift up the back foot and move it to the right, and at the same time move the front foot in the same way.

● Step 5. 발 바꾸어 딛기 (발 바꾸기) Changing stance

발 바꿔 딛기는 앞발로 밀어서 45°방향으로 이동하는 것을 말한다. 미끄럼 발로 자연스럽게 바꾸는 것이 상대가 밀고 들어오는 것을 수비하기에 수월하다. 방법은 앞발을 밀어 왼쪽 45°방향으로 이동하며 뒷발은 오른 발이 있던 위치로 자연스럽게 온다. 시선은 역시 전방을 주시하고 몸의 중심이 흐트러지지 않도록 주의한다. 다시 바뀐 왼발을 밀어 오른쪽 45°방향으로 이동한다. 이 동작은 번갈아 가며 동작을 수행한다. 많은 수련이 필요하고 숙련이 되면 손기술을 쓰는데 자연스러워 진다.

This is a kind of movement for changing stance. After pushing off the ground using the back foot and putting it beside the front foot, you then bring the front foot diagonally backward(45°) by turning your waist. If you practice it a lot, you will be able to parry your opponent's attack mostly using the power generated by this stepping motion.

2) 중심 낮춰 피하기 Parrying by lowering the body

낮춰 피하기는 방어에 중요한 기술이다. 몸의 중심을 갑자기 떨어뜨림으로써 상대를 놀라게 하고 낮은 자세로 다시 역습을 하기 위한 훌륭한 방어 기술이면서 공격기술을 연결해 줄 수 있는 고리역할을 할 수 있다. 우리가 주춤서기를 하는 이유도 중심을 아래로 낮추게 하는 방법중에 하나이다. 하단전에 힘을 주고 몸의 힘을 갑자기 빼면서 중심을 밑으로 떨어뜨린다는 기분으로 동작을 수행한다. 제자리에서 스쿼트를 빠르게 한다는 느낌으로 하는 것도 괜찮다. 이 동작을 수행할 때 부드럽고 빠르게 수행한다. 낮춰 피하기는 지금은 낱동작으로 수련하지만 중급단계로 가면 중심 낮춰 피하기, 공격하기 등 다양한 방법으로 사용된다. 복싱의 더킹 동작과 흡사하다.

Lowering the body is a very important skill for dodging the opponent's attack. Using this skill we can dodge and counterattack at the same time, that's why we should practice "Juchum seogi" everyday. When you train this, relax your upper body and lower your whole body just like doing a squat quickly. Once your movement is fluid, try to counterattack while bending your knees. It is very similar to the ducking skills of Boxing.

3) 중심선 이동하며 피하기 Dodging by moving your center of gravity

이 기술은 주춤서기나 모주춤서기 자세에서 체중을 오른발⇒ 왼발 혹은 왼발⇒오른발로 이동함으로써 몸과 머리를 좌우로 움직이며 피하는 기술이다.

This means moving your weight from the left foot to the right foot (or vice versa) in "Juchum seogi" and "Mojuchum seogi" to weave your body and head from side to side to avoid attacks.

중심 낮춰 피하기
lowering the body

주춤서 좌, 우 피하기 Dodging in Juchum Seogi

모주춤서 훌려 피하기 Dodging in Mojucjum Seogi

태권도 실전 손기술
Hand Techniques of Taekwondo for Actual Fighting

Chapter 3

공격용 손기술

Offensive hand techniques

Chapter 3 공격용 손기술
Offensive hand techniques

1. 손기술 기본지르기 1~6번 6 Phases of Basic Punching

번 Phase	동작 Movement
1	반대지르기 Bandae jireugi (same-side punch)
2	바로 지르기 Baro jireugi (reverse punch)
3	두번 지르기 Doobeon jireugi (double punch)
4	돌려지르기 Dollyo jireugi (hook/turning punch)
5	치 지르기 Chi jireugi (uppercut)
6	젖혀지르기 Jeocheo jireugi (body upset punch)

1) "손기술 기본지르기"의 자세 Form of "6 Phases of Basic Punching"

> ● **Step 1.** 반대지르기 (앞에 나가있는 발과 같은 손으로 지르는 것) Bandae jireugi (Literally translated as "opposite punch", but it uses the same side punch as the front foot; like a jab in Boxing)

반대지르기가 숙련되면 모주춤서기 자세에서도 반대지르기를 수련 할 수 있다. 사진에서 보는 바와 같이 손기술 자세에서 앞쪽 주먹을 앞쪽 공격 목표물로 재빠르게 지르는 것을 말한다. 신속하고 빠르게 나가며 서기의 자세는 모 주춤서기의 자세이다.(사진 참조) 앞에서도 기술했지만 팔을 쓸 때 팔꿈치는 땅을 향해야 하며 몸의 바깥선을 벗어나면 안된다. 팔꿈치가 들리면 어깨가 올라가 힘이 들어가게 되고 그렇게 되면 허리 힘을 원활하게 사용하기 못하기 때문이다. 또 복싱같은 입식타격에서 하듯이 목을 움츠리거나 상체 중심을 많이 낮추게 되면 손기술에 이어 발기술로 연결하는 복합동작이 자연스럽게 이루어지지 않을 수 있으니 항상 자연스러움을 유지해야 한다.

If you are skilled practitioner at basic movements, you must be able to punch from the best fighting stance(Mojuchum seogi). As you see in the picture, you can punch with the front hand in "Mojuchumseogi". When you do this, it is very important not to move your elbow away from your body, because you cannot make strong punch if your elbow is open. Also, relax your shoulders to allow for a higher speed and fluid combinations.

교본 앞굽이 얼굴 반대 지르기

[The Kukkiwon Taekwondo textbook] Apkubi / Oelgul Bandae jireugi

응용 동작 모 주춤서기 / 얼굴 반대 지르기

[application] Mojuchum seogi / Oelgul Bandae jireugi

Chapter 3 31

● Step 2. 바로지르기 Baro jireugi (reverse punch or cross)

바로지르기는 기본동작 자세에서 오른손과 왼발이 움직이며 지르는 동작이다. 이 동작을 응용한 지르기가 2번 바로지르기인데 이 지르기는 복싱에서는 크로스 카운터라고 불리울 만큼 강력한 지르기이다. 지르기를 할 때 자연스럽게 허리를 쓰게 되는데 앞축으로 몸의 중심을 밀어내 발생한 지면의 반발력이 다리를 타고 허리로 이동한다. 이때 허리회전에 의해 지르기의 힘은 더욱 강해진다. 자칫 허리를 과하게 틀어 어깨가 공격하는 방향으로 딸려 나가게 되면 몸의 중심이 무너질 수 있다.

If you are skilled at "Baro jireugi" in "Apkubi", you can also use it in "Mojuchum seogi". This skill is very similar to the cross punch of boxing.

First of all, push off the ground with the back leg and pivot on the ball of the back foot. It will generate a lot of torque in your waist and make a fast and strong punch. You should be careful though not to rotate your waist too much, because excessive rotation reduces entire body's stability.

교본 앞굽이 얼굴 바로 지르기
[the Kukkiwon Taekwondo textbook]
Apkubi / Oelgul Baro jireugi

응용 동작 모 주춤서기 / 얼굴 바로 지르기
[application] Mojuchum seogi / Oelgul Baro jireug

● **Step 3. 두번 지르기** Doobeon jireugi (double punch)

 1번과 2번을 동시에 사용하는 자세로 두 번 지르기는 실전에서 가장 많이 사용하는 손기술중에 하나이며 정확도나 타격력도 굉장히 높다. 우리가 태극 3장에서 앞차고 두 번 지르기를 연습하는 이유가 바로 이 응용기술인 두 번 지르기를 하기 위해 몸 쓰는 것을 배우는 것이다. 우선 모 주춤서기에서 아주 빠른 속도로 또 정확하게 지르기를 한다. 자칫 균형이 깨지면 공격하는 타격력도 약해지고 상대에게 가해지는 충격량도 떨어지게 됨으로 허리의 움직임과 하체와 상체의 밸런스가 무엇보다 중요하다.

 If you are skilled at "Doobeon jireugi" after "Apchagi" in "Taegeuk 3 Jang", you can also use it in "Mojuchumseogi". "Doobeon jireugi" is a very useful and strong offense in real fight, but when we use it we have to ensure that we have good balance in order to make our whole body stable for during and after the combination.

응용 동작 모 주춤서기 / 얼굴 두번 지르기
[application] Mojuchum seogi/ Oelgul Doobeon jireugi

Chapter 3

● Step 4. 돌려 지르기 Dollyo jireugi (hook punch)

우리 태권도에 돌려 지르기가 있다는 것을 알고 있는가? 일명 복싱에서 훅이라고 불리는 동작이 태권도에도 엄연히 존재하고 있다는 사실을 아는 태권도인들이 그리 많지 않다. 아래 사진을 보듯 태권도교본(145p)을 보면 사진으로 아주 자세하게 나와 있다. 돌려지르기의 기본기를 잘 했다면 응용지르기로 넘어가 수련을 한다. 팔꿈치가 땅을 향하고 있다 돌려지르기를 수행 할 때 자연스럽게 팔꿈치가 들리게 되고 이때 부터 주먹을 수평으로 지르는데 팔굽을 구부려 긁어 친다는 느낌으로 동작을 수행하며 공격 목표는 상대의 턱, 명치, 관자놀이 등이 있다. 상대의 턱을 공격하는 것으로 짧은 거리에서 용의한 공격 자세이다.(세워 돌려지르기를 해도 무방하다.)

Do you recognize there is a hook punch or "Dollyo jireugi" in Taekwondo?

Actually lots of people don't know "Dollyo jireugi" is in Taekwondo, but it is definitely described in the Kukkiwon Taekwondo textbook.

When using hand techniques for actual fighting, rotate your waist and at the same time lift up your elbow, finally throw the punch inward towards the center line. As you see, this is very similar to the hook punch in boxing, and you can use the fist vertically(perpendicular to the floor) or horizontally(parallel to the floor).

교본 돌려 지르기

[the Kukkiwon Taekwondo textbook] Apkubi / Dollyo jireugi

응용 동작　모 주춤서기 / 돌려 지르기
[application] Mojuchum seogi / Dollyo jireugi

세워 돌려 지르기

● **Step 5. 치지르기** Chi jireugi (uppercut)

　태극 8장이나 태백에서 나오는 치지르기는 아래에서 위를 공격하는 동작이다. 모 주춤서기 자세에서 팔꿈치가 자연스럽게 갈비뼈를 스치듯 하여 올려친다. 공격목표는 턱과 명치인데 명치 공격은 상대가 키가 크거나 공격자가 약간 숙이고 있을 때 공격이 가능하다. 서기를 할 때는 엄지발가락에 힘을 주고 땅을 발바닥으로 꽉 움켜쥐듯 하체를 굳건히 하고 뒤쪽 발의 뒤꿈치는 살짝 들어 허리를 자연스럽게 쓸 수 있는 형태를 만들어 준다.

　This skill is in the Kukkiwon Taekwondo textbook and this is also an application about "Chijireugi(doubleone-knuckle fist)" of Poomsae "Chonkwon". This is an upward punching skill just like the "upper cut" of boxing and its target is the chin or solar plexus. Push the ground with the back foot and pivot the back foot lowering your elbow and at the same time throw your punch upward. When you perform this punch keep your elbow tight to the body, sliding by your stomach.

 치 지르기

[the Kukkiwon Taekwondo textbook] Apkubi / Chi jireugi

응용 동작 모 주춤서기 / 치 지르기

[application] Mojuchum seogi / Chi jireugi

● **Step 6. 젖혀 지르기** Jeocheo jireugi (stomach upset punch)

태권도교본(국기원)을 보면 "상대가 가까우면 젖힌 주먹으로 지르게 되는데 이것을 젖혀 지르기가 한다.(국기원교본144쪽)"라고 기술되어 있다. 또 품새에 보면 태극7장에 그 쓰임새가 잘 나타나있다. 따라서 젖혀 지르기는 치지르기와는 다르게 장골능 위쪽부터 출발하여 직선 또는 대각선으로 지르는데 공격목표는 횡경막, 옆구리, 명치 또는 갈벼뼈이다. 주먹을 쥔 엄지손이 하늘을 향하게 하고 등팔목은 땅을 향하게 하여

지르는 형태이며 근접 거리에서 주로 많이 사용한다. 비슷한 지르기로는 지르기와 젖혀 지르기의 중간을 지를 때 사용하는 세운주먹이 있다.

" If you are close to opponent you can use 'Jeocheo jireugi' " [Kukkiwon Taekwondo textbook, p144] To perform this punch, you have to punch the enemy with fist upside down and its targets are the solar plexus, ribs, stomach etc. When you do it, the back of the fist must face the ground.

교본 꼬아서기 젖혀 지르기
[the Kukkiwon Taekwondo textbook]
Kkoaseogi / Jeocheo jireugi

응용 동작 모 주춤서기 / 젖혀 지르기
[application] Mojuchum seogi / Chi jireugi

우리가 태권도장에 처음으로 입문하여 태권도를 배우게 되면 어느 도장이나 공통적으로 지도해주고 배우는 동작이 있다. 그것이 기본동작인데 그 중에서도 지르기는 가장 기초적이고 중요한 기술이다. 위에 기술된 기본 지르기6단계는 모든 지르기의 기본이 되는 동작임으로 많은 수련과 반복이 중요하다. 주먹을 쥐고 수행하는 지르기를 기본으로 삼은 것은 주먹 쥐는 기술이 숙달되어야 손을 펴는 기술이 나올 수 있기 때문이다. 그리고 이 지르기나 막기를 토대로 창과 칼등 다양한 무기술을 할 수 있는 기초가 되고 수많은 태권도 손기술의 응용동작을 만들어 낼 수 있기 때문이다.

While learning Taekwondo, we train "Momtong jireugi"(middle punch) everyday because this is a basic technique for generating a powerful strike. So as you know, "jireugi" is very important in Taekwondo. We developed 6 phases of "jireugi" in "Mojuchum seogi", if you train this diligently you can build up your fighting skills.

2. 12 Phases of Punch Combination

번 Phase	동작 Movement
1	두번지르기 → 팔굽돌려치기 Doobeon jireugi → Palgup Dollyo Chigi
2	두번지르기 → 돌려지르기 Doobeon jireugi → Dollyo jireugi
3	두번지르기 → 치지르기 Doobeon jireugi → Chi jireugi
4	두번지르기 → 돌려지르기 → 치지르기 Doobeon jireugi → Dollyo jireugi → Chi jireugi
5	바로지르기 → 반대지르기 Baro jireugi → Bandae jireugi
6	바로지르기 → 반재지르기 → 돌려지르기 Baro jireugi → Bandae jireugi → Dollyo jireugi
7	바로지르기 → 반대지르기 → 치지르기 Baro jireugi → Bandae jireugi → Chi jireugi
8	바로지르기 → 반재지르기 → 돌려지르기 → 치지르기 Baro jireugi → Bandae jireugi → Dollyo jireugi → Chi jireugi
9	반대지르기 → 반대지르기 → 바로지르기 Bandae jireugi → Bandae jireugi → Baro jireugi
10	반대지르기 → 반대지르기 → 바로지르기 → 돌려지르기 Bandae jireugi → Bandae jireugi → Baro jireugi → Dollyo jireugi
11	반대지르기 → 반대지르기 → 바로지르기 → 치지르기 Bandae jireugi → Bandae jireugi → Baro jireugi → Chi jireugi
12	반대지르기 → 반대지르기 → 바로지르기 → 돌려지르기 → 치지르기 Bandae jireugi → Bandae jireugi → Baro jireugi → Dollyo jireugi → Chi jireugi

이제 기본지르기 1~6번을 이용해서 다양한 응용을 할 수 있다. 기본지르기는 낱 동작을 수련하는 장이었다. 이제 이 기본 지르기를 이용해서 다양한 지르기를 구사할 수 있도록 되어 있다. 기본 지르기를 잘 숙달하였다면 다음 단계인 연결지르기의 동작을 배워보자. 연결 지르기는 말 그대로 낱 동작으로 배운 반대지르기, 바로지르기, 돌려 지르기 등을 연결하여 지르는 동작을 말한다. 그중에서도 위 표에 나와 있는 연결지르기 1~12번은 태권도는 물론 종합격투기나 타 무술에서도 빈도 구사가 가장 많고 효율적인 것으로 요약하여 체계화 하였다. 또 동작을 계속해서 수행하게 되면 많은 운동량으로 발차기 일변도의 태권도교육에서 자연스럽게 상체를 적절하게 사용할 수 있는 기술도 터득하게 한다. 이것이 이 연결지르기의 핵심과제이다.

After you've practiced the "6 Phases of Basic punching" enough, you should practice the "12 phases of Punch combination." Once you are fluid at these combinations, you will be good at not only kicking but also punching. That's why we have to train the hand techniques of Taekwondo-to achieve that balance.

1) 연결 지르기 1~12번의 구성 및 수련내용
Composition of the "12 Phases of Punch combination "

구분 Division	목표 Subject	주의점 Attention	효과 Effect	응용수련 Application
연결지르기 1~12번 12 Phases of Punch combination	기본기를 이용한 초급 응용기술 Application of the "6 Phases of Basic Punch"	빠른 훈련보다 정확성이 중요! 몸, 특히 어깨와 허리에 힘을 빼는 연습이 필요. 팔꿈치가 들리지 않도록 주의 Accuracy is more important than speed Relax your upper body.	기본지르기를 복습하면서 새로운 연결 지르기 12단계를 배우는 1석 2조의 효과. Reviewing the "6 Phases of Basic Punch" and at the same time practicing combinations.	중심이동, 방향전환수련. 타켓을 이용한 타격연습. 1:1 partnership training (punch moving forward or other direction)

● **Step 1. 두번지르기 → 팔굽 돌려치기** Doobeon jireugi → Palgup Dollyo Chigi

우리는 이미 기본 손기술 지르기 1~6번에서 두 번 지르기를 배웠다. 두 번 지르기가 끝나자마자 팔굽 돌려치기를 연결한다(팔굽 돌려치기는 Chapter 4. The Other Hand Skills 참조). 이 연결기술은 실전에서 유용하고 강력한 공격기술이다. 동작을 수행할 때 균형이 깨지지 않도록 허리의 움직임과 상하체의 밸런스가 무엇보다 중요하다.

We have already learned Doobeon Jireugi at the "6 Phases of Basic punching", after Doobeon Jireugi do Palgup Dollyo Chigi simultaneously(Refer to Chapter4. TheOtherHandSkillsforunderstandingPalgupChigi). It is very useful and is a strong offense in real fight situations, when we use it we have to be careful about maintaining a good balance to make our whole body stable.

● **Step 2. 두번지르기 → 돌려지르기** Doobeon jireugi → Dollyo jireugi

먼저 두 번 지르기를 구사한다. 그리고 왼손으로 돌려 지르기를 연결하는데 앞에서도 설명한 것처럼 연결과 연결시 몸에 힘을 빼고 부드럽게 동작을 구사한다. 공격목표는 얼굴이지만 두 번 지르기를 얼굴로 목표를 정했다면 돌려 지르기는 옆구리를 가격하는 동작도 괜찮은 연결동작이다.

Perform "Doobeon jireugi" first and then rotate your waist back and at the same time execute a "Dollyeo jireugi". As you know, using your waist is very important in amplifying the power generated by your arms and shoulders. The target of "Dollyeo jireugi" is the face or the side of the body.

● **Step 3. 두번지르기 → 치지르기** Doobeon jireugi → Chi jireugi

두 번 지르기 후 돌아갔던 허리를 되당기면서 동시에 치지르기를 한다. 치지르기는 아래에서 위로 올라오는 동작이므로 무엇보다 중심과 균형이 중요하다. 그리고 치지르기를 할 때 몸이 좌,우로 치우치거나 공중으로 뜨지 않게 주의한다. 치지르기를 하다가 엄지손가락이나 손목을 다치지 않도록 주의한다.

Perform "Doobeon jireugi" first, and then rotate your waist back and at the same time execute a "Chi jireugi". As you know, "Chi jireugi" is an upward punch (so it's easy to upset the balance of your body), so you have to ensure you keep your core tight to maintain the stability of your whole body.

● **Step 4. 두번지르기 돌려지르기 → 돌려지르기 → 치지르기**

Doobeon jireugi → Dollyo jireugi → Chi jireugi

4번은 기본지르기 연결동작의 결정판이다. 그만큼 동작이 많고 어려우며 동작이 연결되는 부분에 최대한 신경을 써야 한다. 허공에 지르는 동작이므로 항상 빠르게 정확하게, 시선은 상대의 눈을 보듯 전방을 주시해야 하며 땅을 보거나 고개를 아래로 숙이면 안 된다.

These are most of the individual skills of the "6 Phases of Basic Punching" in this phase. When you do this combination you should execute it naturally, considering the connection between movements. Don't look down and instead focus on an imaginary target. Of course, as you know, the balance is a very important focus.

● **Step 5. 바로지르기 → 반대지르기** Baro jireugi → Bandae jireugi

5번부터는 반대지르기를 먼저 수행하는 것이 아니라 바로지르기, 즉 카운터 펀치를 먼저 수행한다. 이 연결기술은 상대가 가까이 있거나 허점을 보이고 있을 때 그리고 상대와 격전시 자신 있을 때 주로 많이 사용한다. 시선을 전방에 주시하면서 바로지르기를 하고 재빠르게 당기는 동시에 반대지르기를 수행한다. 허리의 회전을 잘 이용한다.

For this combination you should perform "Baro jireugi" first and then do "Bandae jireugi" with a minimal gap in between. If you are close to your opponent or the opponent is off his guard then this combination will be useful. After doing "Baro jireugi" retract that arm quickly so that you can do "Bandae jireugi" rapidly, it also adds power to the second punch by forcing a powerful rotation through the waist/core.

Chapter 3

● Step 6. 바로지르기 → 반대지르기 → 돌려지르기
Baro jireugi → Bandae jireugi → Dollyo jireugi

바로지르기 와 반대지르기를 부드럽게 연결하고 돌려지르기를 한다. 돌려 지르기는 팔꿈치를 들어 수행하는 동작으로 옆구리가 바로 노출된다. 그렇게 때문에 공격의 수단이긴 하지만 방어를 하는 것에도 신경을 써야 한다. 돌려 지르기를 하고 재빠르기 다시 돌아와 공격 자세를 취해 주어 약점을 최소화 한다.

Perform a "Baro jireugi" first and do "Bandae jireugi" in a fluid combination, and then execute "Dollyo jireugi". After finishing "Dollyo jireugi", you must come back to the ready position for defending against your opponent's counterattack.

● Step 7. 바로지르기 → 반대지르기 → 치지르기
Baro jireugi → Bandae jireugi → Chi jireugi

연결 동작을 하면서 시선은 전방을 주시한다. 치지르기를 할 때 몸이 위로 뜨지 않도록 주의한다.

Keep looking toward the front in the whole process. When you execute "Chi jireugi", be careful not to lift up your body.

● **Step 8.** 바로지르기 → 반대지르기 → 돌려지르기 → 치지르기
　　　　　Baro jireugi → Bandae jireugi → Dollyo jireugi → Chi jireugi

이제 바로 지르기를 먼저 공격하는 마지막 단계로 4가지의 동작을 연속하여 실시한다. 허리를 과하게 틀거나 어깨가 앞쪽으로 나가지 않게 하고, 하단전에 힘을 주며 하체는 단단히 한다. 동작과 동작사이의 시간차는 줄일수록 좋지만 한 동작이 끝나고 연결하기 전 임펙트가 있어야 하고 동작이 살아 움직이듯 해야 한다.

At this phase, we will mix the (5), (6) and (7) phases together. When we perform this combination we have to tighten our core muscles and move our whole body naturally. The faster your movement is, the more efficient you'll make your offense.

● **Step 9.** 반대지르기 → 반대지르기 → 바로지르기
　　　　　Bandae jireugi → Bandae jireugi → Baro jireugii

이번 동작은 반대지르기를 연속 두 번 행하는 동작이다. 이 동작의 의도는 반대 지르기를 빠르게 실시하여 상대를 현혹시킨 후 바로지르기로 끝내기를 하는데 있다. 그래서 반대 지르기를 아주 빠르게 그리고 너무 강하게 지르기 보다는 견제하듯 수행한

다. 복싱으로 얘기하면 더블 잽과 같다. 시선은 전방을 주시하고 정확 하게 동작을 취하도록 한다.

In this phase you execute "Bandae jireugi" twice. This is unusual so will cause confusion in your opponent with successive "Bandae jireugi" and then you finish him with a " Baro jireugi". That's why you should do "Bandae jireugi" like a "Double jab" in Boxing.

● Step 10. 반대지르기 → 반대지르기 → 바로지르기 → 돌려지르기
Bandae jireugi → Bandae jireugi → Baro jireugi → Dollyo jireugi

반대 지르기를 2번 하고 다음 동작인 바로지르기, 돌려 지르기를 한다. 모든 동작이 끝날 때까지 고개나 시선을 고정시킨다.

After performing the combination of phase (9) add a "Dollyo jireugi" on the end. When doing this keep your eyes open and focus on the imaginary target.

● Step 11. 반대지르기 → 반대지르기 → 바로지르기 → 치지르기
Bandae jireugi → Bandae jireugi → Baro jireugi → Chi jireugi

연결지르기 10번을 수행한 후 치지르기를 한다. 연결 동작을 할 때 눈을 감지 않도록 주의하고, 가상의 적을 상상하면서 지른다.

After performing the combination of phase (9) add a "Chi jireugi". When doing this keep your eyes open and focus on the imaginary target.

● Step 12. 반대지르기 → 반대지르기 → 바로지르기 → 돌려지르기 → 치지르기
Bandae jireugi → Bandae jireugi → Baro jireugi → Dollyo jireugi → Chi jireugi

이제 연결 지르기의 마지막 단계이다. 모든 동작이 5동작으로 동작 수도 많고 팔(전완근)과 어깨(삼각근 특히 후면삼각근)등에 피로도가 많이 온다. 그리고 자칫 스피드가 떨어 질 수 있음으로 몸놀림이 무척 중요하다. 자연스럽고 부드럽지만 굳건하고 힘차야 하며 또 동작을 수행 할 때에는 꼭 공격 목표에 정확한 충격량을 전달해야 한다. 그러려면 역시 자세와 균형이 가장 핵심이다.

This is the last combination in the "12 Phases of Punch combination ". There are 5 motions in this combination so you have to be careful not to lose your balance while performing this.

태권도 실전 손기술

Hand Techniques of Taekwondo
for Actual Fighting

Chapter 4

손을 편 자세에서의 손기술

Other Hand Skills
(aside from punching skills)

Chapter 4
손을 편 자세에서의 손기술
The Other Hand Skills (aside from punching skills)

태권도에는 수많은 손기술이 존재한다, 어깨부터 손끝까지 팔 전체를 사용하는 것을 통칭하여 손기술이라 한다. 우리는 손날, 손날등, 바탕손, 팔굽등을 사용하여 정면, 후면, 측면, 위,아래, 대각선등 다양한 각도로 사용 할 수 있는데, 팔의 거의 모든 부위를 사용하여 공방이 가능하다. 처음에 "태권도 실전 손기술"을 연습할 때, 주먹을 쥔 자세보다는 손을 펴고 하는 자세로 하는 것이 좋다. 왜냐하면 주먹을 꽉 쥔 상태에서는 근육을 이완하기가 어렵고, 손을 펴고 있을 때 보다 지르기 외에도 다양한 기술(잡기,찌르기,꺾기,치기등)을 즉시 사용할 수 있기 때문이다.

There are lots of hand techniques in Taekwondo, so that the whole of your arm is useful from shoulder to fingers. There are so many directions (forward, backward, left, right, upward, downward, diagonal) you can use, and you can attack and defend with all parts of your arms.

When first training in "The Hand Techniques of Taekwondo for Actual Fighting" we usually open our hands rather than clench them as a fist, because we cannot relax our upper bodies while making a tight fist and we can use various skills(Jireugi, Japgi, Jjireugi, Chigi) with an open hand.

1. 바탕손치기 5단계 5 Phases of "Batangson Chigi (Palm heel striking)"

번 Phase	기술명 Name
1	바탕손 반대치기 Bantangson Chigi (left hand)
2	바탕손 바로치기 Bantangson Chigi (right hand)
3	바탕손 두번치기 Bantangson Doobeon Chigi
4	바탕손 돌려치기 (얼굴, 몸통) Bantangson Dollyo Chigi (face, body)
5	바탕손 올려치기 (치지르기 형태) Bantangson Ollyo Chigi

* Batangson - Palm hand
 chigi - Striking   Doobeon - Double
 Ollyo chigi - Palm hand upward chigi (Similiar with Chi jireugi)

1) 바탕손 반대치기 Bantangson Chigi (left hand)

사진에서와 같이 기본자세에서 반대 지르기를 하듯이 왼손 바탕손을 빠르게 뻗는다. 손을 펴고 있지만 주먹을 쥐고 할 때와 마찬가지로 빠르게 치고 당긴다. 목표 부위는 얼굴이다, 바탕손으로 턱을 칠 수도 있고 눈이나 코를 칠 수도 있다. 응용 하자면, 바탕손치기의 모양으로 팔을 뻗어 손가락으로 상대의 눈을 찌르는 공격을 할 수도 있다. 지르기와 마찬가지로 팔꿈치가 들리지 않게 주의한다.

* 바탕손 치기나 지르기를 할 때 팔꿈치가 들리면 안되는 이유. 첫 번째, 직선으로 뻗는 타격시, 허리반동력이나 지면발력 이외에도 견갑골과 광배근의 힘이 중요한 요소로 작용하는데, 팔꿈치가 들리면 견갑골과 광배근이 수축상태가 안되어 힘을 온전히 발휘할 수 없기 때문이다. 예컨대 십진의 바위밀기를 할 때 팔꿈치가 들린 상태라면 온전히 뻗는 힘을 쓸 수가 없다, 보조자가 손을 맞대고 버티면서 바위밀기를 해보면 알 것이다. 두 번째, 직선으로 뻗거나 지르는데 팔꿈치가 들리게 되면 힘의 방향이 직선코스가 아니라 한번 꺾였다 가게 되어 힘이 반감되기 때문이다.

As you see in the picture, throw the left palm hand quickly and pull it back right away. The target is your enemy's chin, nose, eyes, etc. If you want to use this skill another way, you can throw the left hand in the shape of "Batangson(palm hand)" and strike the enemy's eyes with your fingertips. If you lift up your elbow while doing this strike, the large muscles in your back ("latissimus dorsi") will be stretched so your strike won't be as powerful. Batangson Chigi is very strong when your palm hand is going straight.

교본 앞굽이 바탕손치기
[the Kukkiwon Taekwondo textbook]
Apkubi / Batangson Chigi

응용 동작 모 주춤서기 / 바탕손치기
[application]
Mojuchum seogi / Batangson Chigi

2) 바탕손 바로치기 Bantangson Chigi (right hand)

사진에서와 같이 기본자세 혹은 바탕손 반대치기를 한 상황에서 앞에 있던 왼팔을 빠르게 잡아당기며 오른 바탕손이 나간다, 이 때 바로지르기 할 때 처럼 오른발을 돌려주어 지면반력과 허리 반동력을 최대한 이용한다. 발을 돌린다는 것의 의미는 문자 그대로 발만 돌린다는 의미가 아니라 돌리는 발로 땅을 박차며 허리 반동을 일으킨다는 것을 의미한다.

In the basic position or after doing "Bantangson Chigi" with the left hand, pull the left hand back while pivoting your right foot and at the same time throw your right hand.

[the Kukkiwon Taekwondo textbook]
Batangson Chigi

[application]
Mojuchum seogi / Batangson Chigi

3) 바탕손 두번치기 Bantangson Doobeon Chigi

바탕손 반대치기를 하고 바탕손 바로치기를 빠르게 연결하는 기술이다.

두 번 지르기와 몸쓰는 원리는 같다.

Execute "Bantangson Chigi" with the left hand and "Bantangson Chigi" with the right hand continually like you did for "Doobeon jireugi".

4) 바탕손 돌려치기 Bantangson Dollyo Chigi

태권도 교본의 바탕손 막기 및 바탕손 치기를 모티브로 한 기술이다. 바탕손 막기는 바탕손으로 쳐서 방어하는 것이 목적이고 바탕손 치기는 바탕손 부위로 공격하는 것이 목적이다. 태권도 방어기술의 대다수는 공격하듯 가격하여 막는 것으로서 방어와 공격의 기법에 큰 차이가 없다, 따라서 방어기술을 가지고 공격으로 응용하거나 공격기술을 가지고 방어하는 것이 가능하다. 몸을 쓰는 요령(身法)은 돌려 지르기와 유사하다. 차이가 있다면 돌려치기는 바탕손으로 쳐야하기 때문에 동작 수행시 돌려지르기 처럼 팔꿈치가 들리지 않고 땅을 향한 상태에서 친다는 점이다. 기본형태는 손목부위 근육이 편안하도록 손이 비스듬히 눕혀진 형태로 가격한다. 몸통 공격시에는 위의 마지막 사진에서 보듯 손가락 끝이 정면을 향한 상태로 돌려치기를 실시한다. (공격 목표 부위는 옆구리). 손 모양을 그렇게 하는 이유는, 손을 옆구리 높이까지 내렸을때 손가락 끝이 올라가는 모양을 하면 근육이 경직되어 비효율적이기 때문이다.

This is a skill in the spirit of "Bantangson Makgi(blocking using a palm heel)" and "Bantangson Chigi". The goal of "Bantangson Makgi" is a blocking with a palm heel as if striking and the goal of "Bantangson Chigi" is a attacking with a palm heel in the same way, with the wrist bend and the impact part being the bottom of the palm. Most defensive techniques in Taekwondo are actually blocking skills by striking the opponent's attacking part and they are very similiar to attacking techniques. So we can apply defensive techniques as attacking techniques in a fight situation. The movement of "Bantangson Dollyo Chigi" looks alike "Dollyo jireugi",but when doing "Bantangson Dollyo Chigi", don't lift up your elbow to use the palm hand.

5) 바탕손 올려치기 Bantangson Ollyo Chigi

치지르기와 유사한 기술이다. 상대의 턱을 바탕손으로 올려친다.

This skill is similar to "Chi jireugi", striking your enemy's chin with a palm hand.

[the Kukkiwon Taekwondo textbook]
Bantangson Ollyo Chigi

[application]
Mojuchum seogi / Bantangson Ollyo Chigi

2. 팔굽치기 2단계 2 Phases of "Palkup Chigi(elbow strike)"

단계 Phase	기술명 Name
1	팔굽 돌려치기 (왼, 오른) Palkup Dollyo Chigi (left, right)
2	팔굽 올려치기 (왼, 오른) Palkup Ollyo Chigi (left, right)

1) 팔굽 돌려치기 Palkup Dollyo Chigi

이 기술은 태극 5장과 8장의 팔굽 돌려치기를 모티브로 한 기술이다. 팔굽 돌려치기에는 두가지 유형이 있는데, 실전 손기술 기본 자세로 Type1의 형태가 있고, Type2 는 상대의 공격을 방어하면서 가격하는 형태이다. Type 2를 수행할 때, 허리를 회전하면서 상대의 얼굴을 가격함과 동시에 반대손을 얼굴 위로 올려 막거나 상대 팔을 잡을 준비를 한다. 팔굽의 끝부분은 매우 단단하고 작아서 단련할 필요없이 사용할 수 있는 강한 신체부위중 하나이다. 실제로 누군가 팔굽에 얼굴을 가격당한다면, 그의 얼굴에 심각한 부상을 당할 수 있다. 여러분도 알다시피 태권도에는 강력한 기술이 많다. 그러나 현실에서는 이런 기술을 가르치거나 배우지 않는다. 경기 겨루기 시합에서는 태권도가 가진 자산 중 단 몇 퍼센트 만을 사용한다. 안타까운 현실이다.

This skill is an application similar to "Palkup Dollyo Chigi" from Taegeuk 5 and 8. There are 2 types of "Palkup Dollyo Chigi", you can use this skill like in the basic form of "Hand Technique of TKD for actual fighting" (type 1) and also use this skill while blocking with another hand (type 2). When doing type 2, strike your opponent's face with your elbow while twisting your waist and at the same time raise up your opposite hand above your face, ready for blocking or grabbing the opponent's arms. The end point of the elbow is hard and small so "Palkup Dollyo Chigi" is a very strong attack. Actually if someone was attacked on his or her face by the opponent's elbow, this would cause severe injuries. As you see, the techniques of Taekwondo are very strong, but sports athletes don't train these kind of skills because they can't use them in Olympic style competitions. It's such a shame.

2) 팔굽 올려치기 Palkup Ollyo Chigi (upward elbow strike)

평원품새에서 나오는 팔굽 올려치기를 모티브로 한 동작이다. 공격실패 시 몸통이 상대에게 노출될 위험이 있다는 것이 단점이다.

This skill is similar to an application of "Palkup Ollyo Chigi" from Poomsae "Pyongwon". When doing this skill, your stomach might be exposed to the opponent, so you must come back to the ready position quickly after executing it.

3. 손날등치기

Sonnal deung Chigi (reverse knifehand strike or ridgehand

돌려 지르기와 몸놀림이 유사하다, 돌려 지르기 처럼 팔꿈치를 들어서 팔을 쭉 폈다 접으면서 손날등으로 얼굴 혹은 목을 가격한다.

This is very similar to "Dollyo jireugi" in movement. Start doing this skill with a bent arm and strike the opponent with your reverse knifehand while straightening your arm. The target is the face, chin, neck, stomach, etc.

| 교본 | 손날등치기 | 응용 동작 | 모 주춤서기 / 팔굽 돌려치기 |

[the Kukkiwon Taekwondo textbook]
Sonnal deung Chigi

[application] Mojuchum seogi / Sonnal deung Chigi

4. 아귀손 목치기 (아금손 목치기)
Agwison Mok Chigi (arc hand strike)

기본자세에서 왼 아귀손 목치기는 스트레이트성 잽을 날리듯이 빠르게 실시한다. 이 때 왼 아귀손 목치기는 상대를 KO시키기 위한 기술인 동시에, 거리를 만들거나 미리 제압하려는(cut) 의미가 있고, 그 다음 오른손 공격을 준비하기 위한 전 단계라고 볼 수도 있겠다. 오른손 아귀손 목치기는 반대 지르기와 유사하다.

When doing this skill, strike your opponent's neck with your arc hand twisting the waist quickly. "Agwison Mok Chigi" with the left hand is for cutting or stopping the opponent's forward movement and "Agwison Mok Chigi" with the right hand is similar to "Bandae jireugi"

5. 손날 목치기 Sonnal Mok Chigi (Inward knifehand strike)

태극 3장에서 나온 손날 목치기의 응용이다.

This is an application of Sonnal Mok Chigi from Taegeuk 3.

Chapter 4

6. 굽힌 손목치기 Guppin sonmok Chigi (bent wrist strike)

손목의 굽힌 부분으로 가격하는 기술인데, 방어용으로도 쓰인다. 목표물은 상대의 팔(아래의 약한 부분),손목,턱 등이다.

This is a defensive skill by striking with one's bent wrist. The target is the arm, wrist, chin, etc.

교본　굽힌 손목치기
[the Kukkiwon Taekwondo textbook]
Guppin sonmok Chigi

응용 동작　모 주춤서기 / 굽힌 손목치기
[application]
Mojuchum seogi / Guppin sonmok Chigi

(응용-굽힌 손목치기로 방어 후 공격)

7. 맞추어 기본 공, 방법 1단계 (주먹)
Machuo Gyeorugi basic step 1: Jumeok (fist)

수행자 명칭	공격자	방어자
	맞추어 기본 공, 방법 1단계 (주먹)	
기법	①아래지르기→②아래지르기→③몸통지르기→④몸통지르기→⑤몸통지르기→⑥몸통지르기→⑦얼굴지르기→⑧얼굴지르기→⑨몸통지르기→⑩몸통지르기→⑪앞차기→⑫앞차기→⑬아래막기→⑭아래막기	①아래막기→②아래막기→③안팔목바깥막기→④안팔목바깥막기→⑤몸통막기→⑥몸통막기→⑦얼굴막기→⑧얼굴막기→⑨몸통막기→⑩몸통막기→⑪아래막기→⑫아래막기→⑬앞차기→⑭앞차기

Trainees names	Offense	Defense
	Machuo Gyeorugi basic step 1 (jumeok)	
Technique	①naeryeo(area)-Jireugi→②naeryeo(area)-Jireugi→③momtong-jireugi→④momtong-jireugi→⑤momtong-jireugi→⑥momtong-jireugi→⑦ollyeo(eolgul)-jireugi→⑧ollyeo(eolgul)-jireugi→⑨momtong-jireugi→⑩momtong-jireugi→⑪ap-chagi→⑫ap-chagi→⑬naeryeo(area)-makgi→⑭naeryeo(area)-makgi	①naeryeo-makgi→②naeryeo-makgi→③anpalmok-bakkat-makgi→④anpalmok-bakkat-makgi→⑤momtong-makgi→⑥momtong-makgi→⑦ollyeo(eolgul)-makgi→⑧ollyeo(eolgul)-makgi→⑨momtong-makgi→⑩momtong-makgi→⑪naeryeo(area)-makgi→⑫aeryeo(area)-makgi→⑬ap-chagi→⑭ap-chagi

공격자와 방어자가 마주보고 주춤서기로 선다. 주먹을 뻗어 맞추어 기본방어법 1단계를 할 수 있는 적당한 거리로 선다. 수비자는 공격자가 지르는 주먹의 거리와 순간, 속도를 정확하게 계산해 낸 다음 수비자의 막기 순서대로 공격자의 주먹지르기를 막아낸다. 맞추어 기본 공, 방어법 1단계는 명칭의 뜻 그대로 맞추는 과정이기 때문에 상대가 지르기를 수행하는 동안 지르기의 거리는 얼마나 되고 얼마나 빠른지 등을 알 수 있고 실전에서 일어날 수 있는 다양한 동작들을 간접적으로 체험할 수 있다.

An offender and a defender stand facing each other. The appropriate distance between the two is about the length of an arm. The defender should gauge the right distance, timing and speed and make defending movements in order as the offender attacks. Machuo Gyeorugi is a training that helps trainees match and adjust the distance and speed and experience the movements that trainees may face in the actual fights.

맞추어 기본 공, 방법 1단계: 주먹
Machuo Gyeorugi basic step 1: Jumeok

1. 공격자와 방어자가 마주보고 주춤서기로 선 상태에서 오른손 아래막기
The offender and the defender face each other. Juchum-seogi, oreun(right) naeryeo-makgi

2. 왼손 아래막기
wen(left) naeryeo-makgi

3. 왼손 안팔목 바깥막기
wen(left) anpalmok bakkat-makgi

4. 오른손 안팔목 바깥막기
oreun(right) anpalmok bakkat-makgi

5. 왼손 몸통막기
wen(left) momtong-makgi

맞추어 기본 공, 방법 1단계: 주먹
Machuo Gyeorugi basic step 1: Jumeok

6. 오른 몸통막기
oreun-momtong-makgi

7. 왼 얼굴막기
wen-ollyeo(eolgul)-makgi

8. 오른 얼굴막기
oreun-ollyeo(eolgul)-makgi

9. 왼 바깥막기
wen-bakkat-makgi

10. 오른 바깥막기
oreun-bakkat-makgi

11. 상대가 왼 앞차기 할 때 왼 아래막기
offender: wen ap-chagi, Defender: wen naeryeo-makgi

맞추어 기본 공, 방법 1단계: 주먹
Machuo Gyeorugi basic step 1: Jumeok

12. 상대가 오른 앞차기 할 때 오른 아래막기
Offender: oreun ap-chagi
Defender: oreun naeryeo-makgi

13. 방어자가 왼 앞차기(공격)
Defender: wen ap-chagi(attack the offender)

14. 방어자가 오른 앞차기(공격)
Defender: oreun ap-chagi(attack the offender)

15. 바로-끝
Baro-the end

Chapter 4

8. 맞추어 기본 공, 방법 3단계(실전)
Machuo Gyeorugi basic step (12번)

번호	명칭 Name
1	오른 바탕손 막기 oreun batangson makgi
2	왼 바탕손 막기 wen batangson makgi
3	왼 손날 바깥막기 wen sonnal bakkat-makgi
4	오른 손날 비틀어 막기 oreun sonnal biteureo makgi
5	오른 바탕손 막고 비틀어 막기 oreun batangson magko biteureo makgi
6	왼 바탕손 막고 비틀어 막기 wen batangson magko biteureo makgi
7	오른 팔굽 쳐 막기 oreun palgup cheo makgi
8	왼 팔굽 쳐 막기 wen palgup cheo makgi
9	오른 바깥 받아막기[1] oreun bakkat bada-makgi
10	왼 바깥 받아막기 wen bakkat bada-makgi
11	오른 몸통 막기 oreun momtong makgi
12	왼 몸통 막기 wen momtong makgi

1 받아막기 : 상대방의 기술을 손이나 발로 받으며 충격을 완화하는 기술 (태권도기술용어집 국기원)
badamakgi (Absorbing block) : a hand or foot defense technique that reduces the impact of the opponent's attack.

1) 오른 바탕손 막기

Batangson Makgi (inward palm/pressing block with the right hand)

태극7장과 8장에 나오는 바탕손 막기를 모티브로 하는 막기이다. 쳐서 막는다는 느낌으로 빠르고 강하게 쳐낸다. 바탕손 막기는 태권도에만 있는 막기가 아니다, 영춘권, 절권도, 무에타이등 맨손 격투를 하는 무술에 보편적으로 있는 기술이다. 손이 턱 높이에 올라와 있는 실전 손기술의 기본자세에서 가장 효과적으로 사용될 수 있고 쉽게 숙달할 수 있는 기술이다. 그냥 쳐서 막는 방법과 끝점에서 손목의 스냅을 이용해 치는 두 가지 방법이 있는데, 빠른동작 가운데 손목스냅까지 이용하는 것이 좀더 숙련된 기술일 것이다.

We can find this "Batangson Makgi" in Taegeuk 7 and 8. When practicing this skill you have to execute it quickly like you are attacking. There are so many similar skills between Taekwondo and other martial arts, one of them is "Batangson Makgi". This is a hand technique skill we can use easily.

교본 오른 바탕손 막기
[the Kukkiwon Taekwondo textbook]
Guppin sonmok Chigi

응용 동작 모 주춤서기 / 오른 바탕손 막기
[application]
Mojuchum seogi / Guppin sonmok Chigi

2) 왼 바탕손 막기 Batangson Makgi (left hand)

태극7장과 8장에 나오는 바탕손 막기를 모티브로 하는 막기이다. 오른손 바탕손 막기와 맥락이 같다.

This is the same as the right Batangson Makgi.

[교본] 왼 바탕손 막기
[the Kukkiwon Taekwondo textbook]
Beomseogi / Batangson Makgi

[응용 동작] 모 주춤서기 / 왼 바탕손 막기
[application]
Mojuchum seogi / Batangson Makgi

3) 왼손날 비틀어 막기

Sonnal Biteureo makgi (knifehand twisting block with the left hand)

태극 6장의 한 손날 비틀어 막기를 모티브로 한 막기이다. 품새나 기본동작처럼 큰 동작이 아닌 작고 빠른 동작으로 막는다.

This skill is in the spirit of "Sonnal Biteureo makgi" from Taegeuk 6. There is more information on it in the following section.

[교본] 왼 손날 비틀어 막기
[the Kukkiwon Taekwondo textbook]
Apkubi / Sonnal Biteureomakgi

[응용 동작] 모 주춤서기 / 왼 손날 비틀어 막기
[application]
Mojuchum seogi / Sonnal Biteureomakgi

4) 오른손날 비틀어 막기 Sonnal Biteureo Makki (right hand)

이 기술은 태극 6장의 손날 비틀어막기를 모티브로 한다. 모주춤서기에서 사용할 때는, 품새에서처럼 큰 동작이 아닌 작고 빠른 동작으로 수행 해야한다. 실제 싸움과 품새 시연은 많이 다르기 때문이다 - 상대에게 공격 받는 순간 큰 동작으로 막을 수는 없다.

This skill is motivated by "Sonnal Biteureo Makgi" from Taegeuk 6. When using this skill in Mojuchum seogi, you have to do it quickly using a small action (unlike when it's performed in the poomsae), because performing Poomsae is very different from a real fight situation - you don't have the time to perform large actions when being attacked.

교본 오른 손날 비틀어 막기
[the Kukkiwon Taekwondo textbook]
Apkubi / Sonnal Biteureomakgi

응용 동작 모 주춤서기 / 오른 손날 비틀어 막기
[application]
Mojuchum seogi / Sonnal Biteureomakgi

5) 오른 바탕손 막기 → (왼손날) 비틀어 막기
Batangson MakKi (right hand) → Biteureo Makki (left hand)

바탕손 막는것과 비틀어 막는 것이 거의 동시에 일어나듯 빠르게 연결되어야 한다. 그러기 위해서는 오른 바탕손이 막는 순간 이미 왼손이 오른손 밑에서 올라오고 있어야 한다.

You have to execute Batangson Makgi (right hand) and Biteureo MakKi (left hand) as a smooth combination. So when you are doing Batangson Makki with your right hand, your left hand must be lifted at that time, ready to be used.

6) 왼 바탕손 막기 → (오른손날) 비틀어 막기
Batangson Makgi (left hand) → Biteureo makgi (right hand)

바탕손 막는것과 비틀어 막는 것이 거의 동시에 일어나듯 빠르게 연결되어야 한다. 그러기 위해서는 왼 바탕손이 막는 순간 이미 오른손이 왼손 밑에서 올라오고 있어야 한다.

You have to execute Batangson Makgi (left hand) and Biteureo makgi (right hand) as a smooth combination. So when you are doing Batangson Makgi with your left hand, your right hand must be lifted at that time, ready to be used.

7) (오른) 팔굽 쳐막기

Palkup Dollyo Chigi (inward elbow strike with the right arm) for blocking

　태극 5장과 8장에 나온 팔굽 돌려치기를 모티브로 한 막기이다. 태권도의 막기는 흘려 막거나(parry) 걸쳐 막는(cut) 개념보다는 쳐서(hit) 막는 기술이 대부분을 차지한다. 어린시절 사범님들에게 귀가 닳도록 들은 얘기중 하나가 '공격하듯 방어하라'일 것이다. 태권도 막기의 철학은 나의 강한 부위로 상대의 약한부위를 가격하여 상대의 공격과 공격도구(상지,하지)를 무력화 시키고, 나아가 공격 의지까지 차단하는 것이다. 나의 강한 부위인 팔굽으로 상대의 밑팔등이나 관절등을 쳐서 막는 팔굽 쳐막기는, 바로 그러한 정신에 부합한다. 제자리에서 혹은 사이드(오른쪽)로 살짝 이동하면서 실시하며, 반대손이 턱밑에 있는 기본자세로 쳐서 막는 방법과 반대손을 이마위에 올린 상태로 쳐서 막는 방법이 있다.반대손이 이마위에 있는 경우, 쳐서 막은 후 반격으로의 연결이 쉽다.

This is a blocking skill in the spirit of Palkup dollyo chigi from Taegeuk 5 and 8. There are three blocking patterns in Taekwondo - parrying, cutting and striking skills, but most of Taekwondo's blocking skills are striking skills. So masters usually say "block just like you are striking the opponent's attacking limb". The focus of Taekwondo's blocking is to incapacitate the opponent's arm, wrist, or leg (which are used for attack). If you block strongly you can break down the opponent's attacking will, truly this is the ultimate goal of Taekwondo's blocking. From this point of view, blocking with Palkup dollyo chigi is very reasonable and is in accordance with the focus of Taekwondo's blocking strategy.

 오른 팔굽 쳐막기
[the Kukkiwon Taekwondo textbook]
Apkubi / Palkup dollyo chigi

 모 주춤서기 / 오른 팔굽 쳐막기
[application]
Mojuchum seogi / Palkup dollyo chigi

8) 왼 팔굽 쳐막기

Palkup dollyo chigi (inward elbow strike with the left arm) for blocking

태극 5장과 8장에 나온 팔굽 돌려치기를 모티브로 한 막기이다. 제자리에서 방어하거나, 혹은 왼쪽 대각선으로 살짝 이동하면서 상대의 우측면으로 파고 들어가듯 방어한다.

This is a blocking skill motivated by Palkup dollyo chigi from Taegeuk 5 and 8. You can execute it not only at a standstill but also while moving to the side.

교본 왼 팔굽 쳐막기	응용 동작 모 주춤서기 / 왼 팔굽 쳐막기
[the Kukkiwon Taekwondo textbook] Apkubi / Palkup dollyo chigi	[application] Mojuchum seogi / Palkup dollyo chigi

9) 오른 바깥 막기 Oreun bakkat makgi

돌려지르기로 공격해 들어오는 동작을 막아내는 동작이다. 사실 돌려지르기로 공격하는 막기를 어떻게 기술적으로 막아야 하는지 정확히 제시해준 책자가 없다. 이번 책에서 돌려지르기를 막아내는 방법과 피하는 방법을 제시했다. 먼저 막아내는 방법은 돌려지르기를 바깥막기로 쳐 막는 것이 아니라 얼굴부위나 급소 부위에서 받아막기[2] 상대방의 공격을 손이나 발로 받으며 충격을 완화하는 기술(태권도 기술 용어집 2010).

The defender blocks the opponent's dollyo jireugi. In fact, there is almost no guide book that offers a definite defense technique that blocks a dollyeo jireugi; so, here we suggest a way to block and avoid a dollyeo jireugi; it is to use a badamakgi infront of the face or the vitals instead of using a bakkat-makgi to push away the attack. Absorb the opponent's force in order to reduce the impact.

---

[2] 상대방의 공격을 손이나 발로 받으며 충격을 완화하는 기술(태권도 기술 용어집 2010)
 Absorbing block-A technique of alleviating the impact of the assailant's attack by absorbing it with a hand or foot of the defender

교본 오른 바깥 막기	응용 동작 모 주춤서기 / 오른 바깥 막기
[the Kukkiwon Taekwondo textbook] oreun bakkat makgi	[application] Mojuchum seogi / oreun bakkat makgi

10) 왼 바깥 막기 Wen bakkatmakgi

9단계와 동일한 방법으로 막아내는데 손이 바뀐 동작이다. 이 막기 동작도 마찬가지로 상대의 주먹을 보고 막는 것이 아니라 상대가 공격해오는 얼굴이나 급소부위 가까이를 막아내 상대의 공격을 무력화 시킨다.

Switch the arms from the no.9. As said above, do not look at the opponent's arm; instead defend near the face or the vitals, so that you may emasculate the opponent's attack.

교본 왼 바깥 막기	응용 동작 모 주춤서기 / 왼 바깥 막기
[the Kukkiwon Taekwondo textbook] wen bakkat makgi	[application] Mojuchum seogi / wen bakkat makgi

11) 오른 몸통 막기 Oreun momtong makgi

상대의 젖혀지르기 공격을 몸통막기로 막아내는데 쳐 막는 것이 아니라 지르기 하는 방향 쪽으로 흘려보내는 것이 목적이다. 위에서 아래로 막아내기 때문에 상대의 팔뚝에 충격을 줄 수 도 있다. 방어를 하면서 동시에 공격하는 방법이다.

Defend from the opponent's jeocheo-jireugi by using a momtong-makgi; the goal is to let the jireugi flow to its direction instead of blocking it. Since the bada-makgi drops down from the top, it will impact the opponent's arm as well.

교본 왼 팔굽 쳐막기
[the Kukkiwon Taekwondo textbook]
oreun momtong makgi

응용 동작 모 주춤서기 / 왼 팔굽 쳐막기
[application]
Mojuchum seogi / oreun momtong makgi

12) 왼 몸통 막기 Wen momtong makgi

11단계와 동일한 방법으로 막아내는데 손이 바뀐 동작이다.

Switch the arms from the No.11.

교본 왼 몸통 막기	응용 동작 모 주춤서기 / 왼 몸통 막기
[the Kukkiwon Taekwondo textbook] wen momtong makgi	[application] Mojuchum seogi / wen momtong makgi

포인트 POINT

1. 위에서 제시한 동작수행은 막기에 대한 강약과 타이밍등을 익히는 동작.
2. 아래 아래, 몸통, 얼굴 등을 순서대로 지르기를 하면 방어자는 그 일정한 순서대로 막기의 거리, 순간(타이밍), 힘과 속도를 익히고 언제든지 잡아서 넘기고, 걸고, 당기는 등 공격으로 전환 될 수 있도록 몸 쓰는 방법을 올바르게 익힌다.
3. 기본 손기술 막기 12단계는 태권도 실전 손기술 기본 손기술 막기 8단계를 업그레이드 한것이다.
4. 태극1~3장은 품새풀이를 하는 것이 아니라 기본 공, 방법 1,2장을 통해 기본적인 태권도 동작을 연결하여 배우는데 의미가 있다.

1. The movements presented above help trainees understand the power, speed and timing.
2. When the offender attacks the defender with area, momtong and eolgu jireugi, the defender blocks the attack, gauging the distance, speed, and power of the opponent. Furthermore, the defender learns when and how to switch from defense to offense.
3. 'The 12 basic hand defense techniques' is an improved version of 'the 8 Taekwondo practical hand defense techniques.'
4. 'Taegeuk 1-3 Jangs are more focused on practicing the 12 basic offense and defense movements in continuous motion than their practical application.

Chapter 5

차기 방어법

How to block your opponent's kicks

Chapter 5 | 차기 방어법
How to block your opponent's kicks

1. 걷어막기 Geodeomakgi

그동안 많은 수련생들이 올림픽 스타일 겨루기를 위한 막기 기술을 연습해왔다. 지금부터는, 실제 싸움에서 상대가 차는 것을 어떻게 막을지 생각해보자. 걷어막기는 상대의 차기를 막기 위한 아주 유용한 기술이다. 실제로 우리는 K-1이나 다른 MMA 시합에서 이런 기술들을 봐왔고, 우리는 태백 품새에서 상대의 차기를 막을 때 쓸만한 기술을 발견할 수 있다.

A lot of practitioners have practiced blocking skills just for Olympic style sparring. From now on, let's think about how to block the opponent's kick in a real fight situation. "Geodeomakgi" is a very useful skill for blocking the opponent's kick. Actually we have seen this skill in K-1 and MMA competitions so far and we can also find the skill in Taebaek poomsae.

1) 걷어막기 연습 (왼팔) Practicing Geodeomakgi (parrying block with the left arm)

편히서기에서의 걷어막기 연습.

Practice . "Geodeomakgi" in Pyonhi seogi(relaxed stance).

교본   태백품새
[the Kukkiwon Taekwondo textbook]
movements of 2nd section in Taebaek poomsae

응용 동작   왼손 걷어 막기 연습
[application]
Geodeomakgi with left hand

Chapter 5

2) 걷어막기 연습 (오른팔) Practicing Geodeomakgi (right arm)

편히서기에서 걷어막기를 연습한다. 이 기술은 몸통 공격을 막기에 유용하다.
Practice "Geodeomakgi" in Pyonhi seogi(relaxed stance). This skill is useful for blocking body attacks.

2. 파트너 훈련 Partner training

1) '얼굴 돌려차기를 방어하는 받아막기와 걷어막기 Badamakgi and Geodeomakg defending against an "Oelgul Dollyo chagi(roundhouse kick to face)"

상대의 발을 손으로 막을 때, 차기의 힘이 주먹보다 훨씬 강하기 때문에 두 손을 사용해서 막아야 한다. 태백품새의 걷어막기를 응용해서 상대의 차기를 막을 수 있다. 모주춤서기에서 이 기술을 연습할 때, 보통 오른발이 뒤로 가야한다. 만약 왼손잡이라면 왼발을 뒤로 놓고 자세를 취하는 것이 좋다. 상대가 얼굴 돌려차기를 시도할 때, 오른손으로 받아막기를 함과 동시에 왼손으로 걷어막기를 한다.

When you block the opponent's kick with your hands, you should use both hands because the power generated by kicks is much stronger than a punch. In the case of blocking the opponent's kick, we can apply the Geodeomakgi from "Taebaek" poomsae. When you train this skill in Mojuchum seogi , normally your right foot should be behind, but if you are stronger with your left hand, put your left foot behind. When your opponent tries to kick you with Oelgul Dollyo chagi, execute a "Badamakgi" with the right hand and at the same time do a Geodeomakgi with your left hand.

2) 몸통 돌려차기를 방어하는 걷어막기 Geodeomakgi defending against a "Momtong Dollyo chagi (round house kick to the body)"

상대가 몸통 돌려차기를 시도할 때, 걷어막기를 하고 상대의 다음 공격을 주시한다.
When the opponent attempts a "Momtong Dollyo chagi", execute Geodeomakgi with your hand and watch out for a second attack.

Chapter 5

3) 아래 돌려차기를 막는 방법
Blocking an "Arae Dollyo chagi (low roundhouse kick)"

상대가 다리를 공격하는 경우에는 팔보다 다리가 빠르기 때문에 다리로 방어해야 한다. 평원 품새에 나오는 당겨 턱치기와 동시에 일어나는 짓찧기 형태로 다리를 살짝 들어 충격을 줄여주며 막는다(받아막기). 또한 발차기가 너무 빨라서 도저히 피할 수 없을 때 대퇴근의 근육을 수축시키고 각도를 비스듬히 하여 살짝 앞쪽으로 밀어서 상대의 차기를 적극적으로 맞는다. 이는 거리와 타이밍을 뺏어 상대의 차기를 차단하고 차기의 힘을 감소시키는 방법이다.

You cannot block a low kick quickly with your arms, so you must block it with your legs. This is called "Bada makgi (while blocking with the shin)". Put up your leg to the side and block the opponent's "Arae Dollyo chagi". Sometimes you can block the Arae Dollyo chagi with your thigh moving your weight down by bending your knee and towards the kick. It is very useful for cutting the opponent's kick and decreasing the power of the opponent's kick.

TIP. 몸의 중심을 약간 이동시켜 상대의 발차기 타격 포인트를 곤란시킨다.

Chapter 6

아래 돌려차기

Arae Dollyo chagi
(low roundhouse kick)

Chapter 6 아래 돌려차기
Arae dollyo chagi (low roundhouse kick)

	아래 돌려차기 4단계 4 Step of Area dollyo chagi					
1	아래 돌려차기 Arae dollyo chagi	목표 Target	앞다리의 바깥쪽 Outside of front leg
2	발붙여 아래 돌려차기 Balbutyeo chagi	목표 Target	앞다리의 안쪽과 바깥쪽 Inside and outside of front leg
3	아래 돌려차기 Arae dollyo chagi	목표 Target	뒷다리의 안쪽 Inside of back leg
4	발붙여 아래 돌려차기 Balbutyeo chagi	목표 Target	뒷다리의 바깥쪽 Outside of back leg

1. 아래 돌려차기의 핵심 Key points of Arae dollyo chagi

아래 돌려차기는 무술에서 상당히 보편적인 기술이다. 목표지점이 낮기 때문에 차기에 부담이 없고, 얼굴을 찰 때 보다 빨리 찰 수 있다는 장점이 있다. 아래 돌려차기는 찰 때 상체를 눕힐 필요가 전혀 없어서 몸 전체의 중심이 안정적이다. 때문에 차고나서 곧바로 손기술로 연결이 가능하다. 얼굴 돌려차기를 찬 자세는 무게 중심이 불안정 하기 때문에 곧바로 손기술로 연결하기가 쉽지 않다. 우리가 겨루기에서 아래 돌려차기를 사용하지 않기 때문에 많은 사람들이 태권도에는 하단을 차는 기술이 없다고 생각한다. 그러나 기억하기 바란다. 국기원교본 어디에도 돌려차기로 다리를 차면 안된다는 언급은 없다. 오히려 국기원 교본에서 상대의 아래 돌려차기를 정강이 받아막기로 막는 방어기술을 발견할 수 있다. 아래 돌려차기는 상당히 합리적인 기술 중 하나이고, 이 기술은 MMA 시합에서 아주 흔하게 사용된다. 아래 돌려차기로 상대를 일격에 쓰러트리기는 쉽지 않다. 다만 상대의 하체의 견고함을 깨트릴 수 있고, 차고나서 손기술로 자연스럽게 연결할 수 있다는 장점을 가진 기술이다.

Arae dollyo chagi(low round house kick) is a very common skill in many martial arts (Muay thai, Karate, Kickboxing, Taekkyun, etc). It is much easier than "Oelgul dollyeochagi" because its target is low, so you can kick very quickly while performing "Arae dollyo chagi". When you doing "Arae dollyo chagi", you don't have to upset your balance much and after that you can attack with your hand continuously because your whole body is stable. Think about it - after doing a high kick you cannot use your hand skills easily because your body's center of gravity is not stable. Actually many people think there is no low kick in Taekwondo because we don't use "Arae dollyo chagi" in Olympic style competition. However you should remember there is nothing that says that someone can't kick low in the Kukkiwon Taekwondo Textbook and there is a description of blocking skill with shins for low kicks in that book. "Arae dollyo chagi" is a very reasonable skill of Taekwondo and is usually used in MMA competitions. You cannot knock somebody out but you can break your opponent's stability with this skill. After doing "Arae dollyo chagi" you can continue to attack the opponent with your hand skills. You cannot knock somebody out but you can break your opponent's stability with this skill. After doing "Arae dollyo chagi" you can continue to attack the opponent with your hand skills.

1) 아래 돌려차기의 목표지점 The target of "Arae dollyo chagi"

아래돌려차기는 무릎을 접었다 펼 때 최대의 힘이 나오는데 이때 신체의 가장 큰 근육인 대퇴사두근(넓적다리의 앞쪽에 있는 강하고 큰 4개의 근육)이 수축하면서 발과 무릎으로 연결된 힘줄이 당겨진다. 무릎을 접었다 힘차게 발을 뻗으면 사두근의 힘으로 상대의 허벅지를 엄청난 속도와 파워로 가격할 수 있다. 안쪽과 바깥쪽을 차는 기술로 나뉘며 바깥쪽의 차는 각도는 수평이나 위에서 아래로 향해야 하고 안쪽은 아래에서 위 대각선으로 찬다. 찰 때 축이 되는 다리의 무릎을 약간 구부려서 차야 중심이동이 원활하게 이루어진다.

There are 4 muscles in the front of the thigh, that's why it is called the "Quadriceps". You can attack the inside and outside of the thigh with "Arae dollyo chagi". When you kick the inside of the opponent's thigh, you have to kick to upward. In the case you kick the outside of the opponent's thigh, you must kick downward. When you execute "Arae dollyo chagi", you should lower your body by bending the standing leg.

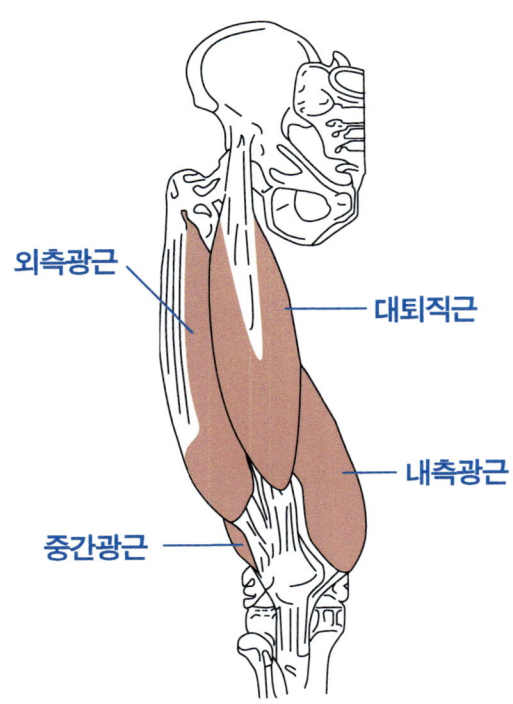

2) 아래돌려차기 4단계 4 Steps of Arae dollyo chagi

● **Step 1. 아래 돌려차기 (목표는 앞다리의 바깥쪽)**
   Arae dollyo chagi (target is outside of front leg)

이것은 아래 돌려차기의 가장 기본적인 형태이다. 디딤발을 돌리면서 무릎을 들어올려 상대의 앞다리 바깥쪽을 찬다.

This is a common pattern of Arae dollyo chagi, lift up your knee pivoting the standing foot and kick the outside of opponent's front leg.

● Step 2. 발붙여 아래 돌려차기
Balbutyeo chagi (the target is the inside and outside of front leg)

앞발로 상대의 앞다리 안쪽을 가격한다. 다리의 안쪽 근육은 바깥쪽보다 약하다는 것을 기억하라. 약간 앞쪽으로 미끄러지듯이 상대의 안다리를 가격하거나, 혹은 제자리에서 앞발을 들어 찰 수도 있다.

Lift up your front foot and kick the inside of the opponent's front leg. Remember that the inside of the leg is weaker than the outside. You can kick while moving forward slightly and you can also kick whilst stationary.

● Step 3. 아래 돌려차기 (목표는 뒷다리의 안쪽)
Arae dollyo chagi (the target is the inside of the back leg)

이 기술의 목표지점은 상대 뒷다리의 안쪽 부분이다. 찰 때 상대의 앞다리 무릎과 부딪치지 않게 조심 해야한다. 그래서 차는 순간 특별히 집중을 요한다.

The target of this skill is the inside of the opponent's back leg, so you have to be careful not to clash with the opponent's front leg while you are executing Arae dollyo chagi. That's why you have to concentrate on the process of kicking and focus on your opponent.

● Step 4. 발붙여 아래 돌려차기 (목표는 뒷다리의 바깥쪽)
Balbutyeo Arae dollyo chagi (the target is the outside of back leg)

발붙여 돌려차기의 핵심은 미끄러지듯이 중심을 이동하는 것이다. 모주춤서기에서 이 기술을 수행할 때, 사진에서 보듯 대각선 앞 방향으로 온몸을 이동하면서 찬다.

The point of Balbutyeo chagi is moving your weight while sliding. When you execute this skill in mojuchumsoegi, move your whole body diagonally forward as you see in this picture.

태권도 실전 손기술
Hand Techniques of Taekwondo for Actual Fighting

Chapter 7

도구를 활용한 손기술 수련

Hand Technique Training with equipment

Chapter 7 도구를 활용한 손기술 수련
Hand Technique Training with equipment

1. 기본 미트치기 Basic mitt drill(mitt for punch and kick)

주제 Subject	효과 Effect
미트를 이용한 파트너 훈련 Partner training using mitt	큰 타격음은 훈련자를 보다 열정적으로 만들어주고, 미트를 침으로써 정확도를 높힌다. The loud sounds make the striker more enthusiastic and can build up accuracy.

1) 두 번 지르기 → 팔굽 돌려치기
Doobeon Jireugi (double punch) → Palgup Dollyo Chigi

두 번 지르기는 몸에 힘을 빼고 최대한 부드럽게 치는 것이 중요하다. 또 스피드는 빠를수록 좋은데 팔꿈치가 들리지 않게 주의한다. 두 번 지르기가 끝나자마자 허리를 돌리면서 팔굽으로 미트를 가격한다. 미트를 잡는 파트너는 상대방이 손을 뻗는 타이밍을 적절하게 맞추어 주어 소리가 크게 나도록 유도한다.

You have to punch very fast, relaxing your body and you shouldn't raise your elbow while executing "Doobeon jireugi". After doing Doobeon Jireugi, strike the mitt with your elbow simultaneously. The partner (who is holding a mitt) has to verbally focus the opponent and strike the opponent's fist with the mitt to make a big sound. The partner doesn't hold the mitt in place, they move it towards the strike.

1. 반대 지르기   2. 바로 지르기

Chapter 7 101

2) 두 번 지르기 → 돌려지르기 Doobeon jireugi → Dollyo jireugi

두 번 지르기를 하고나서 곧바로 돌려지르기로 연결한다.

After executing "Doobeon jireugi", you have to execute "Dollyo jireugi" continuously.

1. 반대 지르기

2. 바로 지르기

3. 돌려 지르기

3) 두 번 지르기 → 치지르기 Doobeon jireugi → Chi jireugi

치지르기를 할 때 파트너는 미트를 상대의 코높이로 대준다.

When the opponent does a "Chi jireugi", the mitt should be located at the height of the opponent's nose.

1. 반대 지르기
2. 바로 지르기
3. 치 지르기

Chapter 7 103

4) 두 번 지르기 → 돌려지르기 → 치지르기
Doobeon jireugi → Dollyo jireugi → Chi jireugi

이 연결기술은 다소 복잡하기 때문에 훈련자와 파트너는 집중해서 수행 해야한다.

The trainee and the partner have to concentrate while executing this combination because the movements of this step are pretty complicated.

1. 반대 지르기
2. 바로 지르기
3. 돌려 지르기
4. 치 지르기

5) 바로 지르기 → 반대 지르기 Baro jireugi → Bandae jireugi

더 이상의 자세한 설명은 생략하고 사진으로 대신한다.

From now on, refer to the pictures.

1. 바로 지르기　　　　　　　　2. 반대 지르기

6) 바로 지르기 → 반대 지르기 → 돌려 지르기

Baro jireugi → Bandae jireugi → Dollyo jireugi

7) 바로 지르기 → 반대 지르기 → 치지르기

Baro jireugi → Bandae jireugi → Chi jireugi

8) 바로 지르기 → 반대 지르기 → 돌려 지르기 → 치지르기

Baro jireugi → Bandae jireugi → Dollyo jireugi → Chi jireugi

9) 반대 지르기 → 반대 지르기 → 바로 지르기

Bandae jireugi → Bandae jireugi → Baro jireugi

10) 반대 지르기 → 반대 지르기 → 바로 지르기 → 돌려 지르기
Bandae jireugi → Bandae jireugi → Baro jireugi → Dollyo jireugi

11) 반대 지르기 → 반대 지르기 → 바로 지르기 → 치지르기
Bandae jireugi → Bandae jireugi → Baro jireugi → Chi jireugi

12) 반대 지르기 → 반대 지르기 → 바로 지르기 → 돌려 지르기 → 치지르기
Bandae jireugi → Bandae jireugi → Baro jireugi → Dollyo jireugi → Chi Jireugi

1. 반대 지르기
2. 반대 지르기
3. 바로 지르기
4. 돌려 지르기
5. 치 지르기

TIP. 연타 지르기 repetitive punching

연타지르기는 미트를 연속적으로 쉬지 않고 가격하는 일종의 스피드, 지구력 운동이다. 자세는 두 주먹을 턱 앞에 위치하고 번갈아가며 미트를 치는 동작이다. 초보자는 10~15초 사이 중급자는 20~30초 상급자는 1분정도 시간을 재며 친다. 이 훈련은 유산소 운동의 효과도 있고, 강한 타격음으로 인해 스트레스 해소의 효과도 있다.

If you want to build up both your muscular endurance and your cardiovascular fitness, do this training at the end of the session.
Set a timer for 30 sec or 60 sec, and punch to the mitt repetitively until the time is over.

Chapter 8

단련

Conditioning

Chapter 8 단련
Conditioning

1. 단련이란 무엇인가? What is conditioning?

단련이란 우리가 공방을 위해 사용하는 신체 부위를 강하게 만드는 것이다. 누군가 강한 신체 부위를 갖는다면, 그는 격투에서 유리한 조건을 가진 셈이다.

Conditioning is working to harden the parts of our body that are used in a fight. If someone has hard body parts, he/she will be confident while fighting.

단련에 관한 보다 상세한 정의는 지속적인 충격에 의해 뼈와 피부등을 단단하게 만드는 것이다. 만약 뼈를 가볍게 지속적으로 두드린다면, 거기에는 미세한 손상이 생길 것이고 우리 신체가 가지고 있는 스트레스에 대한 반작용으로 인해 치유될 것이다. [태권도의 과학. 상아 애니빅. 2012]

A more detailed description of conditioning is that it's some kind of work for hardening bones by constant hitting. If you strike your bones lightly and constantly, there will be micro damage and then they will be healed by the body's stress reaction within the bones. [The Science of Taekwondo, Sang-a, 2012]

부상이 발생하면, 낫는데는 시간이 필요하다. 부상을 입었다면 단련을 멈추고 회복할 때까지 기다린다. 그렇지 않으면 몸에 만성적인, 혹은 영구적인 부상을 입게 된다.

그러므로 단련의 과정 속에서 규칙적인 휴식이 필요하다. [태권도의 과학. 상아 애니빅. 2012]

If an injury occurs, it needs time to heal. Stop conditioning if you are injured and wait until you recover, or you will get a permanent injury in your body. Therefore you should take a break regularly during the process of conditioning. [The Science of Taekwondo, Sang-a, 2012]

우리의 몸은 단 며칠 내에 단단해지지 않는다. 단련의 과정은 지루하고 힘들다, 왜냐하면 단순한 몇 가지의 것들을 계속 반복해야 하기 때문이다. 단련에 있어서 마음을 다스리는 것과 호흡은 매우 중요하고, 단련을 시작하기 전에는 웜업(warm-up)과 스트레칭을 충분히 해야한다. 그리고 집중하는 가운데 격파 동작을 수행할 때, 호흡과 움직임에 집중하는 것이 중요하다.

Our body does not become hardened in just a few days, conditioning is boring and difficult because we have to endure doing it constantly. Mind control and breathing are very important things in conditioning, you should warm up and stretch your whole body before hardening. Then concentrate on breathing and moving while you execute some movements for breaking while focusing.

2. 태권도의 단련 Conditioning for Taekwondo

1) 단련의 중요성 Necessity of Conditioning

태권도는 손과 발을 이용하여 공방을 하는 무술로서 상대를 쓰러트리는 것이 1차 적인 목표라고 할 수 있다. 태권도 수련자는 상대와의 격투에서 상대를 이기기 위해 단단한 신체를 가져야하고, 때문에 단련은 태권도 수련에서 중요한 부분이다. 또한 같은 방향 같은 폼으로 반복적인 수련을 함으로서 자세 및 근력의 향상을 얻을 수 있고, 정확한 자세를 통하여 몸의 균형과 조화를 알게 되며, 몸을 쓰는 법을 터득하게 된다. 즉, 자기 힘을 최대한 발출하는 법을 격파를 통하여 체득하게 되는 것이며, 신체에 가해지는 고통을 참고 수련하는 과정속에 인내심을 기르고, 나아가 무도적 자기 완성에 이르게 된다.

Taekwondo is a martial art using the hands and feet and the goal of martial arts is knocking down your opponent. The Taekwondo practitioner must have a hard body to win in a fight, therefore conditioning is very important.

2) 단련의 필요성 Advantages of a tempered body

첫 번째로, 단련된 몸을 갖는다면 부상의 위험이 줄어든다. 두 번째는 단단한 신체 부위를 사용해 상대를 공격했을 때 더욱 위협적이다. 세 번째, 강화된 몸으로 자신감이 상승한다. 네 번째, 단련의 과정에서 지구력이 향상된다.

First, if you have a hardened body, you will rarely get injured. Second, you can damage your opponent by striking. Third, you can increase confidence because of your strong body. Fourth, you build up your endurance while conditioning.

3) 주의 Attention

첫 번째, 단련의 계획을 먼저 설정하고 그 계획에 의해 실행한다. 두 번째, 부상을 방지하려면 단련 도구는 부드러운 것으로 시작해 점차 단단한 것으로 바꾸어간다. 세 번째, 신체의 균형을 유지하고 격파의 방향에 집중한다. 네 번째, 격파나 타격 시 사용되는 근육들을 자극하고 강화한다. 마지막으로, 단련 중 부상을 입었다면 즉시 중단하여 치료와 재활을 하고, 완치 후 다시 시작한다.

First, you have to set a schedule of conditioning first then do conditioning as per that schedule. Second, get a tool for conditioning and ensure you stsrt soft and work up to hard usage to prevent you injuring yourself. Third, keep your balance and focus in the direction of breaking. Fourth, strengthen the muscles that are used in breaking or striking. Finally, if you hurt yourself while conditioning, you must stop it and rehabilitate that injury before continuing.

4) 단련범주 The parts of your body that should be hardened

첫 번째는 피부다. 단련의 초기에는 피부 껍질을 단단하게 만들기 위해 때리거나 문지르기를 반복한다. 단련 도구는 부드럽고 둥글둥글한 것이 좋다. 두 번째는 근육이다. 강한 근육을 얻는다면 단련의 효과는 배가될 것이다. 예를 들면, 주먹과 펀치력을 강화하기 위해서 팔과 손목의 근육을 단련하는 등의 경우다(푸쉬업과 손목 훈련등이 좋다). 세 번째는 뼈다. 특정한 도구로 정강이나 팔등을 지속적으로 때린다(이는 뼈에 미세한 손상을 야기한다). 그리고 휴식을 취하게 되면 그 미세한 손상이 치유되고, 이 과정은 뼈를 더욱 단단하게 만든다.

The first thing is your skin. Hit and rub your skin lightly for hardening your skin. Skin of body is very sensitive so you should not strike hard in the early phase of conditioning. A soft and round thing would be good. The second thing to harden is your muscle. Get strong muscles and the effect of conditioning will be great. For instance, strengthen the muscles of your arms and wrist to condition your fist and punch. Push-ups and wrist curls are very good for this step. The third thing is your bones. Strike your shins or arms with some tool continuously; it may trigger stress fracture (tiny microscopic damage). After taking a rest the body will have repaired the damage and made the bone harder.

5) 단련도구 Tools for conditioning

단련 도구는 크게 2가지 유형이 있다. 첫 번째 타입은 고정형인데, 예를 들어 천정에 매달린 샌드백이나 벽에 고정해놓은 대나무 묶음등이다. 이 경우 부드러운 것과 단단한 것 모두 사용할 수 있다. 그리고 두 번째 타입은 이동식이다. 예를 들면 스탠드형 펀칭볼 같은 것이다.

There are 2 types of tools in conditioning. The first type of tool is "fixed", you can fix a sand bag or bamboo on the wall. You can train with soft and hard tools in this case. And the second type of tool is "portable" (for instance, tools like a standing punching ball).

3. 손기술과 단련 Hand technique and conditioning

만약 여러분이 단단한 팔과 손을 갖게된다면, 손기술을 숙련되게 자신있게 사용할 수 있을 것이다.

If you get hard arms and hands, you will be able to use hand techniques skillfully and confidently.

1) 손기술 사용을 위해 단련해야할 신체 부위
The body parts below should be hardened for using hand skills

신체 부위 Body Part	반드시 단련되어야 할 부위 The parts that must be hardened
손 Hand	주먹, 등주먹, 손날, 손날등, 바탕손, 아귀손(아금손) Jumeok(fist), Deungjumeok(back fist), Sonnal(hand blade), Sonnal deung(back hand blade), Batangson(palm hand), Agwison(arc hand)
팔 Arm	팔굽, 안팔목, 바깥팔목 Palkup(elbow), inside and outside of wrist
발 Foot	발등, 앞축, 뒷축 Baldeung(instep), Apchuk(fore sole), Dwichuk(back sole)
다리 leg	정강이 Shin

2) 단련방법

(1) 주먹

- 단련대를 세로로 앞발과 뒷발의 꼭지점 사이에 권고대 정중앙 부분이 오도록 놓는다.
- 자세의 모양은 뒷굽이 형태에서 앞굽이 형태로 변환한다.
- 주먹은 가볍게 말아주고 집게손가락과 가운데 손가락 첫마디 앞부분을 단련대 정중앙 위에 놓는다.
- 팔꿈치는 일직선으로 위를 향하게 하며 주먹은 가슴 높이까지 끌어 올린다.
- 발목은 들어 올려 무릎과 몸을 최대한 펴준다.
- 몸통을 회전하며 팔꿈치의 힘을 풀어 아래로 떨구어 준다.(중력의 원리)
- 주먹은 수직선상에서 아래를 향하게 하며 가볍게 힘을 주어 말아 쥔다.
- 주먹은 세운 주먹 또는 바른 주먹으로 한다.
- 반대 손은 자연스럽게 앞발 앞에 둔다.
- 반대 손은 권고대에 내려칠 때 반대방향으로 빠르게 잡아당긴다.
- 시선은 목표물에 두며 호흡은 크게 들어 마신 후 내뱉다가 목표물에 닿는 순간 멈춘다.
- 상처가 나거나 아프면 쉬었다가 아픔이 가시면 다시 시작한다.

(1) Jumeok (Fist)

- Put the hardening tool beside your front foot.
- Change your stance from Dwitkubi(back stance) to Apkubi(long stance) while executing the action of breaking.
- Put your fist on the center of the tool.
- Lift up your whole body by straightening your ankles and knees.
- Punch the tool vertically dropping your body, using gravity.
- You can use your fist horizontally and vertically.
- Put the reaction hand in the vertical line from the front foot, pointing towards the target.
- Pull the reaction hand while punching for twisting your waist.
- Inhale in the ready position and exhale while punching.
- Focus on the target from beginning to end.
- If you get an injury, heal that first and take enough rest.
- If you are completely healed, you may start hardening again.

(2) 등주먹

- 단련대를 가로로 앞발과 뒷발의 꼭지점 사이에 팔꿈치부분이 오도록 놓는다.
- 자세는 무릎자세로 두 무릎은 세우고 허리를 편 형태를 만든다.
- 팔꿈치가 몸 쪽에 가깝게 하여 내려친다.
- 몸통이 회전하며 팔꿈치 등주먹 순으로 던진다.
- 주먹은 가볍게 말아 쥔다.
- 중력의 원리를 이용한다.
- 중심축의 회전각을 최대한 이용한다.
- 몸의 중심보다 등주먹은 앞쪽으로 가져다 놓는다.
- 단련중 부상을 입으면 치료후 충분히 휴식을 취한다.
- 완치되면 다시 단련을 시작한다.

(2) Deungjumeok (back fist)

- Set the hardening tool in front of you horizontally.
- Kneel on the floor and straighten your back.
- When you do a "Deungjumeok Chigi (back fist strike)", pull your elbow close to your face first and smash the tool.
- Generate the power by twisting your waist, and transfer it to your elbow and back fist
- Use gravity.
- Inhale in the ready position and exhale while striking
- Focus on the target from beginning to end.
- If you get an injury, heal that first and take enough rest.
- If you are completely healed, you may start hardening again.

(3) 손날

- 단련대를 가로로 앞발과 뒷발의 꼭지점 사이에 팔꿈치부분이 오도록 놓는다.
- 자세의 모양은 무릎앉아 자세로 허리를 펴고 앞굽이 형태를 만들어 준다.
- 팔은 귀에 가깝게 하며 최대한 높이 들어 올린다.
- 몸을 최대한 신전 해주며 몸통, 팔꿈,치 손날 순으로 힘을 전달하여 가격한다.
- 몸통의 회전을 통한 힘을 손날에 전달한다.
- 반대 손은 자연스럽게 놓으며 단련하는 손과 반대방향으로 잡아당긴다.
- 손날의 힘이 아닌 몸통의 힘을 전달하는 방법을 안다.
- 손날은 팔목과 일직선이 되도록 하며 단단하게 한다.
- 단련중 부상을 입으면 치료후 충분히 휴식을 취한다.
- 완치되면 다시 단련을 시작한다.

(3) Sonnal (hand blade)

- Set the hardening tool in front of you horizontally.
- Adopt an Apkubi (long stance) and bend the knee of the back leg.
- Generate power by twisting your waist, and transfer it to your elbow and knifehand.
- Inhale in the ready position and exhale while smashing.
- Focus on the target from beginning to end.
- If you get an injury, heal that first and take enough rest.
- If you are completely healed, you may start hardening again.

(4) 손날등

- 단련대를 세로방향으로 세워둔 경우에 대한 단련자세 및 방법이다.
- 자세는 앞굽이 모양을 만들며 팔은 약간 구부려 준다.
- 몸통은 밖에서 안으로 회전하며 팔은 힘을 빼준다.
- 최대한 몸을 신전하여 주며 허리의 힘을 이용한다.
- 팔꿈치는 각을 주어 펴지지 않도록 하여 어깨에 과부하가 오는 것을 방지한다.
- 엄지 손가락쪽 첫마디를 잘 단련하여야 한다.
- 시선 및 호흡은 주먹과 동일하다.
- 단련중 부상을 입으면 치료후 충분히 휴식을 취한다.
- 완치되면 다시 단련을 시작한다.

(4) Sonnal deung (ridgehand or reverse knifehand)

- 단련대를 세로방향으로 세워둔 경우에 대한 단련자세 및 방법이다.
- 자세는 앞굽이 모양을 만들며 팔은 약간 구부려 준다.
- 몸통은 밖에서 안으로 회전하며 팔은 힘을 빼준다.
- 최대한 몸을 신전하여 주며 허리의 힘을 이용한다.
- 팔꿈치는 각을 주어 펴지지 않도록 하여 어깨에 과부하가 오는 것을 방지한다.
- 엄지 손가락쪽 첫마디를 잘 단련하여야 한다.
- 시선 및 호흡은 주먹과 동일하다.
- 단련중 부상을 입으면 치료후 충분히 휴식을 취한다.
- 완치되면 다시 단련을 시작한다.

(5) 바탕손

- 단련대를 두발사이 몸의 중심에 놓는다.
- 자세는 주춤서기 자세를 만든다.
- 바탕 손을 가슴위쪽까지 끌어 올린다.
- 팔꿈치는 위쪽을 보며하며 몸에 가깝게 한다.
- 허리의 회전력을 이용하여 아래로 떨구어 준다.
- 손목은 충분하게 뒤로 젖혀준다.
- 넓은 면적의 도구를 이용하여 수련하면 효과적이다.
- 단련중 부상을 입으면 치료후 충분히 휴식을 취한다.
- 완치되면 다시 단련을 시작한다.

(5) Batangson (palm heel)

- Put the hardening tool between your left foot and right foot.
- Make your stance as Juchumseogi(sitting stance).
- Lift up your hand above your chest, still pointing palm towards the floor.
- Your elbow should face the sky.
- Generate the power by twisting your waist, and transfer it to your elbow and palm heel.
- Bend your wrist when you strike the tool with your palm heel.
- Inhale in the ready position and exhale while striking.
- Focus on the target from beginning to end.
- If you get an injury, heal that first and take enough rest.
- If you are completely healed, you may start hardening again.

(6) 아귀손 (아금손)

- 원통모양의 도구를 이용한다.
- 자세는 앞굽이 모양을 만든다.
- 손가락 팔꿈혀펴기, 세손가락 팔굽혀펴기 등으로 손가락을 먼저 단련해야 한다.
- 뒷발에서 앞발로 중심이동을 이용하여 수련한다.
- 반대손은 자연스럽게 앞으로 펴주었다가 허리로 가져온다.
- 처음엔 둥근 과일 등을 이용하여 단련하면 효과적이다.
- 시선 및 호흡은 주먹과 동일하다.
- 상처가 나거나 아프면 쉬었다가 아픔이 사라지면 다시 시작한다.(주먹과 동일)

(6) Batangson (palm heel)

- Use a piece of bamboo.
- Apkubi(long stance) would be a good position for you to do it from.
- Harden your fingers first with fingertip push-ups.
- When you strike the tool, move your weight from the back foot to the front foot.
- For the first few times you may harden your arc hand by striking some fruit like apples.
- Inhale in the ready position and exhale while striking.
- Focus on the target from beginning to end.
- If you get an injury, heal that first and take enough rest.
- If you are completely healed, you may start hardening again.

(7) 팔굽

- 단련대가 세로방향에 있는 경우에 자세 및 단련방법이다.
- 자세는 앞굽이 모양을 만든다.
- 주먹은 가볍게 말아 쥐고 손등이 위쪽을 보도록 모양을 만든다.
- 팔굽은 관절의 각을 최대한 줄여 단단하게 한다.
- 몸통을 최대한 신전하며 이때 주먹의 모양은 손등이 위를 향하도록 하여 회전을 준다.
- 중심축의 회전을 이용한다.
- 시선 및 호흡은 주먹과 동일하다.
- 상처가 나거나 아프면 쉬었다가 아픔이 사라지면 다시 시작한다.(주먹과 동일)

(7) Palkup (elbow)

- Use a standing tool.
- Apkubi(long stance) would be a good position for you to do it from.
- Bend your arm as tightly as possible.
- Twist your waist and strike the tool with your elbow.
- Inhale in the ready position and exhale while striking.
- Focus on the target from beginning to end.
- If you get an injury, heal that first and take enough rest.
- If you are completely healed, you may start hardening again.

(8) 팔목 (안, 바깥)

- 단련대가 세로로 세워졌을경우의 단련자세 및 방법이다.
- 자세는 주춤서기 또는 앞굽이 형태를 갖춘다.
- 팔목 비틀기 운동을 통하여 근육을 강화시킨다.
- 몸통안막기를 통하여 안팔목을 단련한다.
- 몸통바깥막기를 통하여 바깥팔목을 단련한다.
- 팔꿈치를 몸의 회전방향과 같은 선상에 둔다.
- 부위를 정확하게 단련대에 닿도록 한다.
- 몸통의 회전을 이용하여 단련한다.
- 반대팔은 자연스럽게 허리로 잡아당긴다.
- 시선 및 호흡은 주먹과 동일하다.
- 상처가 나거나 아프면 쉬었다가 아픔이 사라지면 다시 시작한다.

(8) Wrist (inside & outside)

- Use a standing tool.
- Make an Apkubi (long stance) or Juchum seogi (sitting stance) when you strike the tool.
- Strengthen the muscles of your wrist by weight training.
- Execute a "Momtong makki" (inward block) and a "Momtong bakkat makki" (outer forearm block) to the target.
- When you do this skill, pull the other hand to your waist.
- Inhale in the ready position and exhale while striking.
- Focus on the target from beginning to end.
- If you get an injury, heal that first and take enough rest.
- If you are completely healed, you may start hardening again.

(9) 발등

- 단련대가 세로방향으로 놓였을 경우의 설명이다.
- 겨루기에서 가장 많이 쓰이는 부위이다.
- 발목강화운동을 선행하여야 한다.
- 몸통의 회전을 이용하며 무릎은 수평선상으로 들어올려 단련한다.
- 돌려차기를 이용하여 단련한다.
- 초보자는 샌드백을 이용하면 효과적이다.
- 상처가 나거나 아프면 쉬었다가 아픔이 사라지면 다시 시작한다.

(9) Instep

- Use a standing tool.
- The instep is mainly used in Olympic style sparring.
- Strengthen the muscles of your ankle to avoid injury.
- Execute a "Dollyo chagi (roundhouse kick)" to the standing tool.
- If you are a beginner, you should start with a sandbag.
- Focus on the target from beginning to end.
- If you get an injury, heal that first and take enough rest.
- If you are completely healed, you may start hardening again.

(10) 앞축 Apchuk (ball of the foot)

- 단련대는 땅에서 30도 정도 기울여지게 한다.
- 자세는 앞굽이 모양을 만든다.
- 무릎을 가슴 높이까지 끌어올렸다가 앞으로 뻗어준다.
- 발가락은 뒤로 젖혀 앞축의 범위를 넓혀준다.
- 허리의 회전력을 이용한다.
- 앞차기를 이용하여 단련한다.
- 시선 및 호흡은 주먹과 동일하다.
- 상처가 나거나 아프면 쉬었다가 아픔이 사라지면 다시 시작한다.

(10) 앞축 Apchuk (ball of the foot)

- Angle the standing tool at 30 degrees from the ground.
- Execute a "Apchagi (front kick)" to the standing tool.
- Bend back all of your toes when you do "Apchagi(front kick)".
- Inhale in the ready position and exhale while kicking.
- Focus on the target from beginning to end.
- If you get an injury, heal that first and take enough rest.
- If you are completely healed, you may start hardening again.

(11) 뒷축

- 단련대와 마주보며 겨루기 자세를 취한다.
- 단련대와 반대방향(뒷차기 모양)으로 앞굽이 모양을 만든다.
- 중심을 이동하며 중심축을 회전을 이용하여 뻗어준다.
- 숙달되면 마주 바라보며 회전을 이용하여 뻗어준다.
- 처음부터 강한 충격을 주기보다는 점진적으로 충격을 올려준다.
- 시선 및 호흡은 주먹과 동일하다.
- 상처가 나거나 아프면 쉬었다가 아픔이 사라지면 다시 시작한다.

(11) Dwichuk (heel)

- Adopt a "Gyeorugi junbi (ready for sparring)" position.
- Turn your head and waist while pivoting on your standing foot and tuck your leg tightly and kick the standing tool with a "Dwit Chagi" (back kick).
- For the first time you should kick slowly and make it faster over time.
- Inhale in the ready position and exhale while kicking.
- If you get an injury, heal that first and take enough rest.
- If you are completely healed, you may start hardening again.

(12) 정강이

- 단련대와 45도 각도로 자세를 취한다.
- 자세는 앞굽이 모양으로 만든다.
- 아래에서 위를 향해 걷어 올리듯 찬다.
- 처음부터 강한 충격을 주기보다는 점진적으로 충격을 올려준다.
- 시선 및 호흡은 주먹과 동일하다.
- 상처가 나거나 아프면 쉬었다가 아픔이 사라지면 다시 시작한다.

(12) Shin

- Stand in "Gyeorugijunbi (ready for sparring)"
- Execute a "Dollyo Chagi (round house kick)" with your shin.
- For the first time you should kick slowly and make it faster over time.
- Inhale in the ready position and exhale while kicking.
- Focus on the target from beginning to end.
- If you get an injury, heal that first and take enough rest.
- If you are completely healed, you may start hardening again.

이 프로그램으로 미트나 쉴드를 사용해 태권도 손기술을 응용하고 지도할 수 있을 것이다. 이 책의 프로그램으로 인해 여러분의 도장에 많은 성인 수련생들이 모이기를 기대한다.

Using this program, you will be able to apply and teach the hand techniques to students of Taekwondo using mitts and shields. We hope you gain many adult practitioners in your gym because of this program.

Chapter 9

손기술 지도 ; 72회 프로그램

Teaching Hand techniques ; '72 session' program'

Chapter 9

손기술 지도 ; 72회 프로그램
Teaching Hand techniques ; '72 session' program'

1. 손기술 72회 프로그램
Hand techniques ; '72 session' program

지금까지의 태권도 손기술을 습득 하는 대는 많은 시간과 노력, 수련이 필요하다. 그래서 좀 더 빠르고 가르치기 쉬운 교재 형태로 된 일일 수련계획표를 주별, 월별, 시간별로 나누어 72회에 걸쳐 시스템화 하였다. 손기술을 시간별로 어느 정도를 지도해야 하는지 그리고 얼마나 반복해야 하는지도 교육내용에 자세히 서술하여 지도하기 쉽게 정리하였으며, 각 회마다 주의사항을 달아 각 도장의 사범들이 놓치기 쉬운 부분과 테크닉의 단점을 최대한 보안하도록 되어 있다. 아래의 수련 프로그램은 최소 72회 동안은 태권도 손기술에 대하여 걱정 없이 볼 수 있는 Tip이 수록되어 있다. 그리고 이 수련 프로그램을 응용하면 더 다양한 프로그램이 개발될 것이다.

Acquiring hand techniques of taekwondo takes a lot of time, effort, and practice. So, we have developed a daily practice planner with textbook form that is faster and easier to teach through 72 sessions by week, month, and year. We have organized how much you should teach and how often to repeat hand techniques by time in training. Also, there are precautions in each session so master can easily omit certain techniques and parts as they see fit. The training program below contains tips about hand techniques of taekwondo for each of the 72 sessions. Furthermore, you can come up with more programs if you apply your knowledge of the techniques to this training program style. Your basic stance should be Mojuchumseogi as described earlier in the book, and you should place your opening hands under your jaw in the basic position for hand techniques for actual fighting.

▶ **주별 월별 시간표** Weekly, Monthly planner

1일 수련시간 60분 중 준비, 보조, 정리운동, 발차기, 품새 40분 손기술 주 운동(20분)

Warming up, partner training, cooling down, kicking, poomsae 40 minutes (during an hour of training time per a day). Hand technique Main training (20 minutes)

월/달 Week/Month	시간 Time	회당 시간 Time Per session	총 시간 Whole time
1주일 A Week/Month	2회 2 times	20분 20 minutes	40분 40 minutes
1개월 A Month	8회 8 times	20분 20 minutes	320분 320 minutes
8개월 8 Month	72회 72 times	20분 20 minutes	2560분 2560 minutes

▶ **기술훈련의 범주** Areas of technical training

단계 Step	명칭 Name
6	기본 지르기 Basic punching
4	아래 돌려차기 Arae Dollyo chagi (low roundhouse kick)
11	치기 Chigi (striking)
8	막기 Makgi (blocking)

▶ **지르기의 단계별 분류** Classification of punches by step

6 steps of Basic punching	
단계 Step	명칭 Name
1	반대지르기 Bandae Jireugi (opposite punch)
2	바로 지르기 Baro Jireugi (right punch)
3	두 번 지르기 Doobeon Jireugi (double punch)
4	돌려 지르기 Dollyo Jireugi (hook punch)
5	젖혀 지르기 Jeocheo Jireugi
6	치지르기 Chi Jireugi (uppercut)

▶ **아래 돌려차기의 단계별 분류**
Classification of Arae Dollyo chagi (low roundhouse kick) by step

4 steps of Arae Dollyo chagi (low roundhouse kick)	
단계 Step	명칭 Name
1	아래 돌려차기 (목표는 앞다리의 바깥쪽) Arae dollyo chagi (target is the outside of the front leg)
2	발붙여 아래 돌려차기 (목표는 앞다리의 안쪽 바깥쪽) Balbutyeo chagi (target is the inside and outside of the front leg)
3	아래 돌려차기 (목표는 뒷다리의 안쪽) Arae dollyo chagi (target is the inside of the back leg)
4	발붙여 아래 돌려차기 (목표는 뒷다리의 바깥쪽) Balbutyeo chagi (target is the outside of the back leg)

▶ **바탕손 치기** Batangson Chigi (Palm hand striking)

단계 Step	명칭 Name
1	바탕손 반대치기 Bantangson Chigi (left hand)
2	바탕손 바로치기 Bantangson Chigi (right hand)
3	바탕손 두번치기 Bantangson Doobeon Chigi (palm hand double strikes)
4	바탕손 돌려치기 Bantangson Dollyo Chigi (palm hand inward strike- body, head)
5	바탕손 올려치기 Bantangson Ollyo Chigi (palm hand upward strike- similar to Chi Jireugi)

▶ **팔굽치기** Palkup Chigi (Elbow striking)

단계 Step	명칭 Name
1	팔굽 돌려치기 Palkup Dollyo Chigi (Left Right)
2	팔굽 올려치기 Palkup Ollyo Chigi (Left Right)

▶ **손날등치기** Sonnal deung Chigi (reverse knifehand strike)

▶ **아귀손(아금손) 목치기** Agwison Mok Chigi (arc hand strike)

▶ **손날 목치기** Sonnal Mok Chigi (knifehand strike)

▶ **굽힌 손목치기** Guppin Sonmok Chigi (Bent wrist strike)

▶ 막기 12단계 12 Steps of Makki (blocking)

단계 Step	명칭 Name
1	(오른손) 바탕손 막기 Batangson Makgi (right hand)
2	(왼손) 바탕손막기 Batangson Makgi (left hand)
3	(왼손날) 비틀어막기 Sonnal Biteureo makgi (left hand)
4	(오른 손날) 비틀어막기 Sonnal Biteureo makgi (right hand)
5	(오른) 바탕손 막기 → (왼손날) 비틀어 막기 Batangson Makgi (right hand) → Biteureomakgi (left hand)
6	(왼) 바탕손 막기 → (오른손날) 비틀어 막기 Batangson Makgi (left hand) → Biteureo makgi (right hand)
7	(오른) 팔굽 쳐막기 Palkup dollyo chigi (right arm) for blocking
8	(왼) 팔굽 쳐막기 Palkup dollyo chigi (left arm) for blocking
9	(오른팔) 얼굴 바깥막기 Oelgul Bakkat Makki (right arm)
10	(왼팔) 얼굴 바깥막기 Oelgul Bakkat Makki (left arm)
11	오른 몸통막기 Oelgul Momtong Makki
12	왼 몸통막기 Wen Momtong Makki

Chapter 9   149

1 회 (준비물 : 없음)

◇ **기본 지르기 6단계의 이해와 이론을 습득하고 가르쳐라!**

태권도 손기술의 이해, 그리고 배경 태권도 교본에 나와 있는 손기술의 종류, 품새 속 에서의 손기술 동작 등 손기술의 필요성 등 이론적 배경과 설명이 반드시 있어야 한다. 그래야 수련생들이 손기술을 배우는 동기가 부여되고 쉽게 받아들이고 태권도에도 다양한 손기술이 존재한다는 인식을 하게 된다.

구분	교육시간	교육내용	주의사항
태권도 손기술의 이해와 이론적 배경	20분	책에 나와 있는 자료를 활용 손기술의 필요성을 전달하고 태권도의 손기술의 필요성에 대해서도 설명과 함께 동작의 시연을 간단하게 보여줌.	자칫 손기술이 다른 무술과 혼동 되지 않게 철저하게 준비한다.

 (preparation: none)

◇ 기본지르기 6단계의 이해와 이론을 습득하고 가르쳐라!
Understand the theory of Basic punching !

You have to know the theoretical background of Taekwondo and martial arts. You have to be able to explain about the different types of hand technique, hand techniques in poomsae, and the necessity of hand techniques. That way, the trainees are motivated, accept hand techniques easily, and notice that there are various kinds of hand technique in Taekwondo.

Classification	Teaching time	Contents	Precaution
Understanding hand techniques and theoretical background of hand techniques.	20 minutes	Apply material in this book. Deliver necessary hand techniques. Show a simple motion simulation with an explanation about necessity of hand techniques.	Be careful not to confuse the hand techniques with other martial arts.

 **(준비물 : 없음)**

구분	교육 시간	교육내용	주의사항
기본 지르기 1단계 반대지르기	20분	● 세트: 4세트 시간: 2분 훈련, 휴식: 30초 개인수련 10분(자세교정) ● 오른 발을 뒤로 뺀 겨루기 서기를 기본서기로 한다. ● 손기술 자세는 태권도 겨루기 자세와 같이 일자서기를 사용하지 말고 손기술이 원활하게 움직이게 오른발이 45° 정도 벌려지도록 모 주춤서기를 한다. ● 처음으로 지도하는 수련생들에겐 자세가 중요하니 자세와 지르는 모습을 꼼꼼히 살핀다. ● 지르기를 하는 반대의 손은 항상 턱밑에 위치해야 한다. 만약 상대방이 나의 지르기를 피하고 반격이 들어올 때 반대의 손이 밑으로 떨어져 있으면 재빠르게 막기에는 시간으로, 또 위치상으로 너무나 불리한 자세이기 때문이다.	태권도의 손기술이 태권도교본을 바탕으로 만들어졌음을 알려준다.

Session 2 (preparation: none)

Classification	Teaching time	Contents	Precaution
Basic punching step 1 Bandae Jireugi (opposite punch)	20 minutes	• 4 sets of 2 minutes training each, break time: 30 seconds, personal training 10 minutes (position correction) • Make a "Kyorugi Junbi" (sparring or fighting stance) putting your right foot a step back. • For executing hand techniques you should take "Mojuchum seogi" opening your right foot 45 degrees. • Take care when you first teach each trainee because correct form is important. • The opposite hand from the other hand punching must be under the jaw. If your opponent attacks during your punch when your opposite hand has dropped, you will not be able to block it.	Hand technique of taekwondo is based on the Kuk kiwon taekwondo textbook. Say clearly that these are not from other martial arts.

3회 (준비물 : 없음)

구분	교육 시간	교육내용	주의사항
기본 지르기 2번 바로지르기	20분	● 세트: 4세트, 시간: 2분 훈련, 휴식: 30초, 개인수련 10분 (자세교정) ● 뒷손을 반듯하게 직선으로 지른다. ● 바로지르기는 반대지르기 보다 허리의 비틀림이 많다. 상체가 앞쪽으로 쏠리지 않도록 주의한다. ● 시선은 항상 정면을 향해 눈을 떼지 않는다. 시선이 돌아가면 몸 전체의 밸런스가 깨져서 중심을 잃게 된다. ● 개인수련시 자세를 봐주고 중간휴식을 주지 않는다.	세트와 세트사이의 휴식은 꼭 30초가 아니어도 관계없다. 거울이 있다면 보고 지르는 것도 좋은 방법이다.

 (preparation: none)

Classification	Teaching time	Contents	Precaution
Basic punching Step 2 Baro Jireugi (right punch)	20 minutes	● 4 sets of 2 minutes each for training, 30 seconds for break, personal training 10 minutes(position correction) ● punch with your back hand straight forward. ● There should be more twist in your waist during Baro Jireugi than Bandae Jireugi. Be careful not to lean your upper body forward. ● You should stare forward. If you look another way, you will lose your balance. ● Check students' position when they have personal training and don't give break time.	The break time between a set and another should not be over 30 seconds. If there's a mirror, it would be better to do Jireugi while the trainee can see themselves.

| 4회 | (준비물 : 없음) |

구분	교육 시간	교육내용	주의사항
기본 지르기 3번 두 번 지르기	20분	● 세트: 4세트, 시간: 2분 훈련, 휴식: 30초, 개인수련 10분 (자세교정) ● 두 번 지르기는 가장 빠른 속도로 실시한다. ● 실전에서 많이 사용하는 지르기로 연습량이 많아야 하고 자세가 올바르고 중심선이 좌, 우로 비틀리고 앞, 뒤로는 움직이지 않아야 한다. ● 두 번 지르기 역시 보조 손은 항상 턱밑에 위치하여 상대 공격에 대비해야 한다.	빠른 속도로 지르고 반복하는 것이 중요하다.

Session 4 (preparation: none)

Classification	Teaching time	Contents	Precaution
Basic punch Step 3 Doobeon Jireugi (double punch)	20 minutes	• 4 sets of 2 minutes each for training, 30 seconds for break, 10 minutes for personal training (position correction) • Do Doobeon Jireugi as fast as possible. • Doobeon Jireugi is a punch which is used the most in a real situation and requires a lot of practice. The position must be correct, the center-line should not be twisted and move back and forth. • You should place your hand under your jaw to prepare for the opponent's counterattack.	It's important to punch fast and repeat.

5회 (준비물 : 없음)

구분	교육시간	교육내용	주의사항
기본 지르기 4번 돌려지르기	20분	● 세트: 4세트, 시간: 2분 훈련, 휴식: 30초, 개인수련 10분 (자세교정) ● 돌려지르기는 팔꿈치를 80~90° 정도 꺾어서 지른다. ● 돌려지르기를 할 때 손이 펴지지 않도록 주의한다. ● 돌려지르기는 금강품새에서 발견할 수 있다. ● 돌려지르기와 주먹을 세워서 지르는 세워 돌려지르기가 있는데 세워 돌려지르기는 먼 거리를 가격할 때 적합하다.	돌려지르기는 수련생들의 자세가 잘 나오지 않는 어려운 기술이기 때문에 반복하는 것이 중요하다.

Session 5 (preparation: none)

Classification	Teaching time	Contents	Precaution
Basic punch Step 4 Dollyo Jireugi	20 minutes	• 4 sets of 2 minutes each for training, 30 seconds for break, 10 minutes for personal training (position correction) • When you do Dollyo Jireugi, bend your arm 80~90° and punch. • Be careful not to open your fist while doing Dollyo Jireugi. • Dollyo Jireugi can be found in Keumgang poomsae. • You can do Dollyo Jireugi with a vertical fist or horizontal fist. A vertical fist would be better for punching far away.	It's hard for trainees to take the correct position when they do Dollyo Jireugi, repeating is important.

Chapter 9   159

6회 (준비물 : 없음)

구분	교육 시간	교육내용	주의사항
기본 지르기 5번 치지르기	20분	● 세트: 4세트, 시간: 2분 훈련, 휴식: 30초, 개인수련 10분 (자세교정) ● 치지르기를 하는 순간 지르는 쪽으로 중심이 쏠리면 안 된다. ● 타격목표는 턱이며 허공에 지를 때는 턱의 위치보다 높게 연습한다. ● 치지르기는 어려운 동작이니 자세와 동작에 신경 써서 지도한다.	5단계인 혀지르기와 목표, 지르는 자세가 완전히 다르다는 것을 알려준다.

Session 6 (preparation: none)

Classification	Teaching time	Contents	Precaution
Basic punch Step 5 Chi Jireugi	20 minutes	• 4 sets of 2 minutes each for training, 30 seconds for break, 10 minutes for personal training (position correction) • You should not bow while doing Chi Jireugi. • Target is the jaw. However, do it higher than the jaw when you practice punching in the air. • Teach the position and motion carefully because Chi Jireugi is not an easy skill.	The target and the punching motion of Chi Jireugi is different from Jeocheo Jireugi.

Chapter 9

7회 (준비물 : 없음)

구분	교육 시간	교육내용	주의사항
기본 지르기 6번 젖혀 지르기	20분	● 세트: 4세트, 시간: 2분 훈련, 휴식: 30초, 개인수련 10분 (자세교정) ● 혀지르기는 상대의 옆구리, 늑골 아래, 신장, 등이 주요 타격목표이다. ● 복부를 타격하는 것이므로 주먹의 손등이 땅으로 향하게 하여 직선으로 지르되 약간 아래에서 위로 올려 지르듯 자세를 연습한다. ● 지르는 반대손 즉 보조 손이 항상 턱 밑에 위치하는지 꼭 확인한다. ● 지르기를 하는 쪽으로 몸이 쏠리는 경우가 많으니 관심 있게 지켜본다.	주먹의 손등이 땅으로 향하게 하여 직선으로 지르되 약간 아래에서 위로 올려지르 듯 자세를 취한다.

Session 7 (preparation: none)

Classification	Teaching time	Contents	Precaution
Basic punch Step 6 Jeocheo Jireugi	20 minutes	● 4 sets of 2 minutes each for training, 30 seconds for break, 10 minutes for personal training (position correction) ● Main target of Jeocheo Jireugi is opponent's flank, parts under the ribs, kidney, etc. ● When you practice this punch, do it by turning your fist over. However, you should punch upwards because you're punching the stomach. ● Check whether the opposite hand (not the punching hand) is always under the jaw. ● Watch carefully whether the body leans towards the punching direction.	Punch making your palm face upwards.

Chapter 9

8회 (준비물 : 없음)

구분	교육 시간	교육내용	주의사항
바탕손치기 1번 반대치기	20분	● 세트: 5세트, 시간: 2분 훈련, 휴식: 30초, 개인수련 7분 (자세교정) ● 오른 발을 뒤로 뺀 겨루기 서기를 기본서기로 한다. ● 손기술 자세는 태권도 겨루기 자세와 같이 일자서기를 사용하지 말고 양손이 원활하게 움직이게 오른발이 45° 정도 벌려지도록 서기를 한다. ● 치기를 하는 반대의 손은 항상 턱밑에 위치해야 한다. 만약 상대방이 나의 치기를 피하고 반격이 들어올 때 빠르게 반응하기 위함이고, 반대치기에서 바로치기로 즉시 연결하기 위함이다.	손을 펴고 하는 모든 치기와 막기가 태권도 교본 속 기술을 바탕으로 제시된 것임을 주지(周知)시킨다.

Session 8 (preparation: none)

Classification	Teaching time	Contents	Precaution
Batangson Chigi Setp 1 Batangson Chigi(left)	20 minutes	• 5 sets of 2 minutes each for training, 30 seconds for break, 7 minutes for personal training (position correction) • Make a "Kyorugi Junbi" (Sparring or fighting stance) by putting your right foot a step back. • Don't use the stance of Olympic style Taekwondo. Mojuchumseogi should be used. Open your right foot to 45° to use hand techniques fluently. • The opposite hand to the punching hand should be placed under the jaw always.	Point out that every skill is based on the techniques in the Kukkiwon Taekwondo text book.

Chapter 9 165

9회 (준비물 : 없음)

구분	교육 시간	교육내용	주의사항
바탕손치기 2번 바로치기	20분	● 세트: 5세트, 시간: 2분 훈련, 휴식: 30초, 개인수련 7분 (자세교정) ● 팔꿈치가 들리지 않게 조심한다. ● 바로치기는 반대치기보다 허리의 비틀림이 많다. 상체가 앞쪽으로 쏠리지 않도록 주의한다. ● 시선은 항상 정면을 향해 눈을 떼지 않는다. 시선이 돌아가면 몸 전체의 밸런스가 깨져서 중심을 잃게 된다. ● 개인수련시 자세를 봐주고 중간휴식을 주지 않는다.	세트와 세트사이의 휴식은 꼭 30초가 아니어도 관계없다. 거울이 있다면 보고 지르는 것도 좋은 방법이다.

Session 9 (preparation: none)

Classification	Teaching time	Contents	Precaution
Batangson Chigi Step 2 Batangson Chigi (right)	20 minutes	• 5 sets of 2 minutes each for training, 30 seconds for break, 7 minutes for personal training (position correction) • Be careful not to raise your elbow when you do this skill. • There is more twist in Batangson Chigi with a right hand than Batangson Chigi with a left hand. Be careful not to lean your body forward. • Always look straight forward. If you look other ways, you will lose your balance. • Check trainee's position when they have their personal training, and don't give break time then.	Break time between a set and another should not be 30 seconds. If there's some mirror, exercising seeing the mirror is good way.

Chapter 9

10회 (준비물 : 없음)

구분	교육 시간	교육내용	주의사항
바탕손치기 3번 두 번 치기	20분	● SET: 5세트, 시간: 2분 훈련, 휴식: 30초, 개인수련 7분 (자세교정) ● 두 번 치기는 가장 빠른 속도로 실시. ● 실전에서 많이 사용하는 치기, 연습량이 많아야 하고 자세가 올바르고 중심선이 좌, 우로 비틀리고 앞, 뒤로는 움직이지 않아야 한다. ● 두 번 치기 시 보조 손은 항상 턱밑에 위치하여 상대공격에 대비해야 한다.	빠른 속도로 치고 여러번 반복하는 것이 중요하다. 호흡과 동작을 일치시킨다.

Session 10 (preparation: none)

Classification	Teaching time	Contents	Precaution
Batangson Chigi Step 3 Batangson Doobeon Chigi (double)	20 minutes	● 5 sets of 2 minutes each for training, 30 seconds for break, 7 minutes for personal training (position correction) ● Ensure when they strike twice, they do it quickly and smoothly. ● It is used in real situations the most. There must be a lot of practice. The position should be correct. ● When you punch twice, the assisting hand should always be under the jaw preparing opponent's attack.	Punching fast and repeatedly a lot is important. Time your breathing and action so that you exhale during the strike portions.

Chapter 9

11 회 (준비물 : 없음)

구분	교육 시간	교육내용	주의사항
바탕손치기 4번 돌려치기	20분	● 세트: 5세트, 시간: 2분 훈련, 휴식: 30초, 개인수련 7분 (자세교정) ● 뺨을 친다는 느낌으로 친다. ● 몸통이나 허리 회전은 돌려지르기와 동일.	돌려 지르기와 달리 팔꿈치가 땅을 향한 상태로 친다.

Session 11 (preparation: none)

Classification	Teaching time	Contents	Precaution
Batangson Chigi Step 4 Batangson Dollyo Chigi	20 minutes	● 5 sets of 2 minutes each for training, 30 seconds for break, 7 minutes for personal training (position correction) ● Execute feeling like hitting cheek. ● Movement of the body is same with Dollyo Jireugi.	Unlike Dollyo Jireugi, punch with your elbow down and palm hand.

Chapter 9 171

12회 (준비물 : 없음)

구분	교육 시간	교육내용	주의사항
바탕손치기 5번 올려치기	20분	● 세트: 5세트, 시간: 2분 훈련, 휴식: 30초, 개인수련 7분 (자세교정) ● 치지르기를 하는 순간 지르는 쪽으로 중심이 쏠리면 안 된다. ● 타격목표는 턱이며 허공에 지를 때는 턱의 위치보다 높게 연습한다. (인중높이) ● 턱을 치는 것이므로 바탕손이 안쪽으로 향하게 하여 치지르기 하듯 올려친다.	손을 편 기본자세에서 그 손 모양 그대로 올려친다. 경우에 따라 약간 대각선 안쪽방향으로 턱을 올려친다.

 (preparation: none)

Classification	Teaching time	Contents	Precaution
Batangson Chigi Step 5 Batangson Ollyo Chigi	20 minutes	● 5 sets of 2 minutes each for training, 30 seconds for break, 7 minutes for personal training (position correction) ● You should straighten your back when you do Batangson ollyo Chigi. ● Target is the jaw, but practice higher than the jaw when you practice (philtrum height). ● Execute like a Chi jireugi.	Hit up keeping opening hand.

Chapter 9 173

13회 (준비물 : 없음)

구분	교육 시간	교육내용	주의사항
팔굽 치기 1번 돌려치기	20분	● 세트: 5세트, 시간: 2분 훈련, 휴식: 30초, 개인수련 7분 (자세교정) ● 돌려치는 팔을 완전히 접어서 실시. ● 팔굽 치기시 팔이 펴지지 않도록 주의 ● 왼 팔굽 치기는 왼손 돌려치기는 느낌과 비슷하고 오른 팔굽 치기는 오른손 돌려치는 느낌과 비슷하게 실시한다. ● 어느정도 숙달이 되었을 때 응용하여 대각선 위, 아래로 돌려치는 연습도 한다.	돌려치기는 돌려지르기 할 때와 동일하게 발을 돌리고 허리를 돌린다.

Session 13 (preparation: none)

Classification	Teaching time	Contents	Precaution
Palkup Chigi (elbow strike) Step 1 Palkup Dollyo Chigi	20 minutes	• 5 sets of 2 minutes each for training, 30 seconds for break, 7 minutes for personal training (position correction) • Do "Palkup Dollyo Chigi" bending your arm tightly. • Be careful not to extend your arm when you do "Palkup Dollyo Chigi". • When you are skilled quite well, practice this diagonally up and down.	Turn your feet and twist your waist when you do Palkup Dollyo Chigi the same as when doing a Dollyo Jireugi.

Chapter 9

14회 (준비물 : 없음)

구분	교육 시간	교육내용	주의사항
팔굽 치기 2번 올려치기	20분	● 세트: 5세트, 시간: 2분 훈련, 휴식: 30초, 개인수련 7분 (자세교정) ● 올려치기 시 상체 중심이 앞으로 쏠리거나 허리가 과도하게 회전되어 중심이 무너지지 않게 주의한다. ● 타격목표는 턱이며 허공에 칠 때는 턱 높이 보다 높게 연습한다. ● 치지르기와 비슷하게 몸을 움직인다고 이해하면 된다.	평원품새 팔꿈치 올려치기와 동일 (단점-돌려치기보다 동작이 커서 공격 실패시 나의 상체 한쪽 부위가 적에게 노출)

 **Session 14** (preparation: none)

Classification	Teaching time	Contents	Precaution
Palkup Chigi (elbow strike) Step 2 Palkup Ollyo Chigi	20 minutes	• 5 sets of 2 minutes each for training, 30 seconds for break, 7 minutes for personal training (position correction) • Be careful not to lean your upper body forward or not to twist too much so you lose your balance. • Target is the opponent's jaw, but strike higher than the jaw when you practice. • Understand that Palkup Ollyo Chigi's moving is similar with Chi Jireugi.	It's same with Palkup Ollyo Chigi in Pyongwon. The disadvantage is that the motion is larger than Dollyo Chigi so that one part of the upper body is exposed to opponent if you fail.

Chapter 9 177

15회 (준비물 : 없음)

구분	교육 시간	교육내용	주의사항
손날등치기	20분	● 세트: 5세트, 시간: 2분 훈련, 휴식: 30초, 개인수련 7분 (자세교정) ● 돌려 지르기처럼 접어서 출발하여 목 부위 근처에서 팔을 쭉 폈다가 접으면서 가격.	팔을 접지 않고 시행할 경우 관성모멘트가 커져 파워는 커지나 스피드가 느리고 동작이 큰 단점이 있다.

Session 15 (preparation: none)

Classification	Teaching time	Contents	Precaution
Sonnal deung Chigi (ridgehand or reverse knife hand strike)	20 minutes	● 5 sets of 2 minutes each for training, 30 seconds for break, 7 minutes for personal training (position correction) ● Start with bent arms like Dollyo Jireugi and punch opening your arm around the neck. If you straighten your elbow joint totally you risk damaging the joint so be careful.	If you do Sonnal deung Chigi without bending your arm, the power becomes bigger because the inertia moment becomes bigger. However, the speed decreases and the motion is big.

16회 (준비물 : 없음)

구분	교육 시간	교육내용	주의사항
아귀손목치기	20분	● 세트: 5세트, 시간: 2분 훈련, 휴식: 30초, 개인수련 7분 (자세교정) ● 기본 자세에서 반대 지르기 하듯 왼손 아귀손 목치기를 시행한다. ● 기본 자세에서 왼손을 잡아 당기는 동시에 바로 지르기 하듯 오른발을 돌리며 오른손 아귀손 목치기를 한다. (오른손 목치기가 기본형)	끝점에서 엄지와 검지를 확실히 벌려서 친다.

Session 16 (preparation: none)

Classification	Teaching time	Contents	Precaution
Agwison Mok Chigi (arc hand strike)	20 minutes	• 5 sets of 2 minutes each for training, 30 seconds for break, 7 minutes for personal training (position correction) • Do Agwison Mok Chigi the same as doing Bandae Jireugi or Baro Jireugi in the basic positioin. • Especially when you do Agwison Mok Chigi with your right hand, pull your left hand and pivot your right foot at the same time.	At the last moment, open thumb and index finger swiftly

17회 (준비물 : 없음)

구분	교육 시간	교육내용	주의사항
손날 목 치기 (오른손, 왼손)	20분	● 세트: 5세트, 시간: 2분 훈련, 휴식: 30초, 개인수련 7분 (자세교정) ● 기본 자세에서 왼 손날 목치기를 실시. ● 기본 자세에서 오른 손날 목치기를 실시) ● 기본 자세에서 왼손 엎은 손날 목치기를 실시	손가락이 지나치게 세워져 손날이 아닌 손가락 부위로 턱을 가격하는것에 주의한다.

Session 17 (preparation: none)

Classification	Teaching time	Contents	Precaution
Sonnal Mok Chigi (knifehand strike) (right hand, left hand)	20 minutes	• 5 sets of 2 minutes each for training, 30 seconds for break, 7 minutes for personal training (position correction) • Do Sonnal Mok Chigi with your left hand in the basic position. • Do Sonnal Mok Chigi with your right hand in the basic position. • Do Sonnal bakkat chigi with your left hand in the basic position. You can find this skill in the last section of Koryo poomsae.	Be careful not to strike with the fingers.

Chapter 9 183

18회 (준비물 : 없음)

구분	교육 시간	교육내용	주의사항
굽힌손목치기	20분	● 세트: 5세트, 시간: 2분 훈련, 휴식: 30초, 개인수련 7분 (자세교정) ● 기본 자세에서 순간적으로 손을 떨어 뜨렸다가 몸통 바깥쪽을 향해 대각선으로 올려친다) ● 바탕손 막고 비틀어막기 동작의 응용으로서 바탕손 막고 굽힌손목 치기	손목을 완전히 굽힌 상태는 근육에 힘이 들어가므로 미리 굽히는 것이 아니라 마지막 치는순간 완전히 굽힌형태로 칠 수 있도록 연습한다.

Session 18 (preparation: none)

Classification	Teaching time	Contents	Precaution
Guppin sonmok Chigi	20 minutes	● 5 sets of 2 minutes each for training, 30 seconds for break, 7 minutes for personal training (position correction) ● In the basic position drop your hand and strkie diagonally upward. ● You can apply "Batangson Makgi → Biteureo makgi" [8 Steps Makgi (blocking)] to "Batangson Makgi → Guppin sonmok Chigi"	Bend your wrist at the end point. If you start Guppin sonmok Chigi with a bent wrist, the muscles of your arms would too tense so the movement would be slow.

Chapter 9 185

◇ 기본막기 연습법 Exercising "8 Steps of Makki(blocking)"

여기까지 공격 기술들을 연습해왔다, 이제부터는 막기 기술을 수련하고 지도해보자. 공격 기술이 있다면 반드시 그것을 막을 기술이 있어야 한다. 책의 앞부분에서 태권도의 막기 기술이 얼마나 다양하고 많은지 언급했었다. 품새나 기본동작의 기술을 실전에 적용하는 것이 중요하다. 만약 태권도의 기술을 실제상황에서는 쓰지 못한다면, 여러분의 기술은 훌륭한 시범을 할 수 있어도 실효성있는 기술은 아니다. 태권도는 체조나 춤은 아니다. 태권도를 수련했다면, 실제상황에서 상대의 공격을 막아내고 상대를 쓰러트릴 수 있어야 한다. 무술도장을 택하는 많은 성인들, 특히 남자들은 격투기에 대한 로망이 있다. 그 로망을 충족시켜 주기 위해서라도, 태권도는 실전에서도 손색 없는 무술이라는 것을 알려줄 필요가 있다.

We have been training attacking techniques so far, now let's train and teach blocking techniques. If there is an attack, there must also be a skill for blocking it. There are many blocking techniques in Taekwondo as I told you at the beginning of the book. It is very important to be able to apply bloking skills of Poomsae to real situations. If you cannot apply the techniques of Taekwondo, your technique would be just a demonstration or gymnastics. Taekwondo is never gymnastics or dance. If you have trained Taekwondo, you have to be able to defend yourself and knock down your opponent.

KTA 대한태권도협회

태권도 실전 손기술
Hand Techniques of Taekwondo for Actual Fighting

19회 (준비물 : 없음)

구분	교육 시간	교육내용	주의사항
1번 오른 바탕손 막기	20분	● 세트: 4세트, 시간: 4분 훈련, 휴식: 30초 ● 파트너와 사전에 훈련 약속을 한다. ● 한쪽이 2분간 지르기를 해주고 한쪽에서는 계속 1단계 막기를 한다. 시간이 다 되면 임무를 교대해서 실시한다. ● 처음 연습은 쳐내기로 막지만 숙달이 되면 눌러막기, 눌러 받아막기로 막는다. ● 주먹을 일정하게 지를 수 있도록 파트너와 약속한다.	양쪽이 모두 끝났을 때 1세트이다.

 **(preparation: none)**

Classification	Teaching time	Contents	Precaution
Batangson Makgi (right hand) step 1	20 minutes	● 4 sets of 4 minutes each for training, 30 seconds for break. ● The partner should punch repeatedly for 2 minutes and you should block it continuously. After 2 minutes change over so you strike and they block. ● You can block your opponent's attack with striking or parrying.	The partner should punch routinely.

20 회 (준비물 : 없음)

구분	교육 시간	교육내용	주의사항
2번 왼 바탕손 막기	20분	● 세트: 4세트, 시간: 4분 훈련, 휴식: 30초 ● 파트너와 사전에 훈련 약속을 한다. 한쪽이 2분간 지르기를 해주고 한쪽에서는 계속 1단계 막기를 한다. 시간이 다 되면 임무를 교대해서 실시한다. ● 처음 연습은 쳐내기로 막지만 숙달이 되면 눌러막기, 눌러 받아막기로 막는다. ● 주먹을 일정하게 지를 수 있도록 파트너와 약속한다.	막기의 기술은 항상 손가락 부상이 있을 수 있으니 주의한다.

Session 20 (preparation: none)

Classification	Teaching time	Contents	Precaution
Batangson Makgi (left hand) step 2	20 minutes	• 4 sets of 4 minutes each for training, 30 seconds for break. • The partner should punch repeatedly for 2 minutes and you should block it continuously. • After 2 minutes change so you strike and they block. • You can block your opponent's attack with striking or parrying.	The partner should punch routinely. Take care not to harm your fingers while blocking.

Chapter 9   191

21 회 (준비물 : 없음)

구분	교육 시간	교육내용	주의사항
3번 오른 손날 비틀어 막기	20분	● 세트: 4세트, 시간: 4분 훈련, 휴식: 30초 ● 파트너와 사전에 훈련 약속을 한다. ● 처음 연습은 몸통에서 시작하고 숙달이 되면 얼굴 쪽으로 올라가는 것도 좋다. ● 손가락으로 막게 되면 손가락 골절이나 인대가 늘어나서 부상당할 수 있으니 손날부분으로 방어할 수 있도록 교육한다.	막기의 기술은 항상 손가락 부상이 있을 수 있으니 주의한다.

 **(preparation: none)**

Classification	Teaching time	Contents	Precaution
Sonnal Biteureo makgi (left hand) step 3	20 minutes	● 4 sets of 4 minutes each for training, 30 seconds for break. ● The partner should punch repeatedly for 2 minutes and you should block it continuously. ● After 2 minutes change so you strike and they block. ● For the first time the partner should punch to your stomach to avoid injuring your face. ● You have to block with your knifehand not your fingers.	The partner should punch routinely. Take care not to harm your fingers while blocking

Chapter 9   193

22회 (준비물 : 없음)

구분	교육 시간	교육내용	주의사항
4번 왼 손날 비틀어 막기	20분	● 세트: 4세트, 시간: 4분 훈련, 휴식: 30초 ● 파트너와 사전에 훈련 약속을 한다. ● 처음 연습은 몸통에서 시작하고 숙달이 되면 얼굴쪽으로 올라가는 것도 좋다. ● 손가락으로 막게 되면 손가락 골절이나 인대가 늘어나서 부상당할 수 있으니 손날부분으로 방어할 수 있도록 교육한다.	막기의 기술은 항상 손가락 부상이 있을 수 있으니 주의한다.

Session 22 (preparation: none)

Classification	Teaching time	Contents	Precaution
Sonnal Biteureo makgi (right hand) step 4	20 minutes	• 4 sets of 4 minutes each for training, 30 seconds for break. • The partner should punch repeatedly for 2 minutes and you should block it continuously. • After 2 minutes change so you strike and they block. • For the first time the partner should punch to your stomach to avoid injuring your face. • You have to block with your knifehand not your fingers.	The partner should punch routinely. Take care not to harm your fingers while blocking

23 회 (준비물 : 없음)

구분	교육 시간	교육내용	주의사항
5번 오른 바탕손 막고 비틀어 막기	20분	● 세트: 4세트. 시간: 4분 훈련, 휴식: 30초 ● 파트너와 사전에 훈련 약속을 한다. ● 양손을 이용하여 막기를 수행하므로 신속한 동작이 요구된다. ● 오른 바탕 손과 비틀어 막기는 회전하며 서로 교차하듯 돌려막는다. ● 구령에 맞춰서 연습한다. 기술의 난이도가 높은 만큼 충분한 연습이 필요하다.	상체와 하체의 밸런스가 깨지지 않도록 주의한다.

Session 23 (preparation: none)

Classification	Teaching time	Contents	Precaution
Batangson Makgi (right hand) → Biteureomakgi (left hand) step 5	20 minutes	● 4 sets of 4 minutes each for training, 30 seconds for break. ● The partner should punch repeatedly for 2 minutes and you should block it continuously. ● After 2 minutes change so you strike and they block. ● You should block continuously. ● You have to concentrate because this is not an easy skill.	Take care not to upset your balance.

Chapter 9 197

24회 (준비물 : 없음)

구분	교육시간	교육내용	주의사항
6번 왼 바탕 손 막고 비틀어 막기	20분	● 세트: 4세트, 시간: 4분 훈련, 휴식: 30초 ● 파트너와 사전에 훈련 약속을 한다. ● 양손을 이용하여 막기를 수행하므로 신속한 동작이 요구된다. ● 왼 바탕 손과 비틀어 막기는 회전하며 서로 교차하듯 돌려막는다. ● 구령에 맞춰서 연습한다. 기술의 난이도가 높은 만큼 충분한 연습이 필요하다.	상체와 하체의 밸런스가 깨지지 않도록 주의한다.

 **(preparation: none)**

Classification	Teaching time	Contents	Precaution
Batangson Makgi (left hand) → Biteureo makgi (right hand) step 6	20 minutes	● 4 sets of 4 minutes each for training, 30 seconds for break. ● The partner should punch repeatedly for 2 minutes and you should block it continuously. ● After 2 minutes change so you strike and they block. ● You should block continuously. ● You have to concentrate because this is not an easy skill.	Take care not to upset your balance.

Chapter 9 199

25회 (준비물 : 없음)

구분	교육 시간	교육내용	주의사항
7번 오른 팔굽 쳐막기	20분	● 세트: 4세트, 시간: 4분 훈련, 휴식: 30초 ● 파트너와 사전에 훈련 약속을 한다. ● 오른 팔굽쳐 막기 2세트 ● 팔굽 쳐막기는 구령에 맞춰서 연습한다. 기술의 난이도가 높은 기술이니 만큼 충분한 연습이 필요하다.	상체와 하체의 밸런스가 깨지지 않도록 주의한다.

 **Session 25** (preparation: none)

Classification	Teaching time	Contents	Precaution
Palkup dollyo chigi (right arm) for blocking step 7	20 minutes	• 4 sets of 4 minutes each for training, 30 seconds for break. • The partner should punch repeatedly for 2 minutes and you should block it continuously. • After 2 minutes change so you strike and they block. • You should block continuously. • You have to concentrate because this is not an easy skill.	Take care not to upset your balance.

Chapter 9 201

 **(준비물 : 없음)**

구분	교육 시간	교육내용	주의사항
8번 왼 팔굽 쳐막기	20분	● 세트: 4세트, 시간: 4분 훈련, 휴식: 30초 ● 파트너와 사전에 훈련 약속을 한다. ● 오른 팔굽쳐 막기 2세트 ● 왼파굽 쳐 막기는 구령에 맞춰서 연습한다. 기술의 난이도가 높은 만큼 충분한 연습이 필요하다.	상체와 하체의 밸런스가 깨지지 않도록 주의한다.

Session 26 (preparation: none)

Classification	Teaching time	Contents	Precaution
Palkup dollyo chigi (left arm) for blocking step 8	20 minutes	● 4 sets of 4 minutes each for training, 30 seconds for break. ● The partner should punch repeatedly for 2 minutes and you should block it continuously. ● After 2 minutes change so you strike and they block. ● You should block continuously. ● You have to concentrate because this is not an easy skill.	Take care not to upset your balance.

◇ **기본막기 연습법** Exercising "8 Steps of Makki(blocking)"

　이제부터 파트너와 함께 아래 돌려차기를 훈련해보자. 아래 돌려차기는 태권도 손기술을 원활하게 사용하기 위해 꼭 필요한 발차기이다. 아래돌려차기는 상대의 다리를 공격하여 중심을 흩트리고 상체를 공격하기 위한 교두보 역할을 하기 때문이다. 그리고 그리 어려운 발차기가 아니면서 운동량은 꽤 많다. 또 아래돌려차기는 방패미트로 잡아야 타격감이 있고 잡아주는 파트너도 부상이 없다. 만약 얇은 주격미트로 아래돌려차기를 잡는다면 충격량이 굉장히 커지므로 오래 잡을 수가 없다. 파트너와 함께 하는 수련으로 기본적인 안전수칙은 물론이고 상대에 대한 배려도 있지 않는다.

　From now on let's train "Arae Dollyo Chagi (low roundhouse kick)" with a partner. You can upset the opponent's balance with Arae Dollyo Chagi and then punch right away capitalizing on it. You should use a shield when training this kick because Arae Dollyo Chagi is a very strong kick.

구분 Classification	교육 시간 Teaching time	교육내용 Contents	주의사항 Precaution
아래 돌려차기의 이해와 이론적 배경 Theoretical background of Arae Dollyo Chagi	20분 20 minutes	● 대한태권도협회 교재에 나오는 자료를 체계적으로 잘 설명하고 태권도에도 아래 돌려차기 기술이 있다는 것을 인식시킨다. ● 아래돌려차기는 어려운 기술이 아니다. 차분하게 기술에 대하여 설명해준다. ● 타 무술에서도 아래돌려차기는 로우킥이나 하단 돌려차기로 차고 있다. 기술의 차이가 별로 없으므로 다르다는 것을 강조하기 보다 태권도 기술체계에 맞춰 재구성해야 한다. ● The necessity of Arae Dollyo Chagi. ● How do you use it?	상세하게 설명해주고 시범도 보여준다. Explain carefully and demonstrate it.

27회 (준비물 : 방패미트, 킥미트)

구분	교육 시간	교육내용	주의사항
1번 미트차기 뒷 발 바깥 아래돌려차기	20분	● 세트: 5세트 (왕복이 1세트) 　시간: 2분 훈련 ● 미트를 잡아주는 파트너 수련 ● 방패미트 잡는 법을 지도한다! ● 방패미트 차기 3세트(1세트가 오른발, 왼발 각각 한번씩) ● 미트를 찰 때 잡아주는 파트너도 미트를 앞쪽으로 살짝 밀어주어 타격감을 높인다.	발차기를 차고 있을 때 미트를 뒤로 빼면 부상의 우려가 있다.

Session 27 (preparation: shield, kick mitt)

Classification	Teaching time	Contents	Precaution
Arae dollyo chagi (target is outside of front leg) step 1	20 minutes	• 8 sets of 2 minutes each for training, 30 seconds for break. • First of all, you should teach the way of using shield. • After 4 sets, change holder/kicker. • You have to concentrate because this is not an easy skill.	When you execute "Arae dollyo chagi", you should lower your body by bending the standing leg

28회 (준비물 : 방패미트, 킥미트)

구분	교육 시간	교육내용	주의사항
2번 미트차기 앞발 안 아래돌려차기	20분	● 세트: 5세트, 시간: 2분 훈련 ● 미트를 잡아주는 파트너 수련 ● 방패미트 잡는 법을 지도한다! ● 방패미트 차기 3세트(1세트가 오른발, 왼발 각각 한번씩) ● 앞발 안 아래돌려차기는 중심이 뒷발에 있으면서 앞발로 가격하는 자세이다. ● 너무 강하게 차면 잡아주는 파트너의 다리에 부상이 올 수 있으니 적당한 파워로 실시한다. (배려)	파트너 훈련에서 중요한 것은 배려이다. 상대가 다치지 않도록 배려있는 행동을 한다.

Hand Techniques of Taekwondo for Actual Fighting

Session 28 (preparation: shield, kick mitt)

Classification	Teaching time	Contents	Precaution
Balbutyeo chagi (target is inside and outside of front leg) step 2	20 minutes	● 8 sets of 2 minutes each for training, 30 seconds for break. ● First of all, you should teach the way of using shield. ● After 4 sets, change holder/kicker. ● You have to concentrate because this is not an easy skill.	When you execute "Arae dollyo chagi", you should lower your body by bending the standing leg. You should not to kick too strong, it is very important to consider your partner's safety.

29회 (준비물 : 방패미트, 킥미트)

구분	교육 시간	교육내용	주의사항
3번 미트차기 뒷 안 아래돌려차기	20분	● 세트: 5세트, 시간: 2분 훈련, 휴식 30초 ● 미트를 잡아주는 파트너 수련 ● 방패미트 잡는 법을 지도한다! ● 방패미트 차기 3세트(1세트가 오른발, 왼발 각각 한번씩) ● 발차기의 각도가 거의 앞차기 형태가 되어야 상대의 무릎에 부딪치지 않고 찰 수가 있다. ● 가격목표는 안쪽 허벅지, 안쪽 무릎 등이다.	파트너 훈련에서 중요한 것은 배려이다. 상대가 다치지 않도록 배려있는 행동을 한다.

Session 29 (preparation: shield, kick mitt)

Classification	Teaching time	Contents	Precaution
Arae dollyo chagi (target is inside of back leg) step 3	20 minutes	• 8 sets of 2 minutes each for training, 30 seconds for break. • First of all, you should teach the way of using shield. • After 4 sets, change holder/kicker. • Execute this kick like Ap Chagi to avoid clashing with the opponent's front leg. • Target is inside and knee of back leg.	When you execute "Arae dollyo chagi", you should lower your body by bending the standing leg. You should not to kick too strong, it is very important to consider your partner's safety.

Chapter 9 211

 **(준비물 : 방패미트, 킥미트)**

구분	교육 시간	교육내용	주의사항
4번 미트차기 앞발 바깥 아래돌려차기	20분	● 세트: 5세트, 시간: 2분 훈련, 휴식 30초 ● 미트를 잡아주는 파트너 수련 ● 방패미트 잡는 법을 지도한다! ● 방패미트 차기 3세트(1세트가 오른발, 왼발 각각 한번씩) ● 빠른 발 돌려차기의 형태로 기술을 구사한다. ● 스텝이나 모션을 주면 상대에게 공격 패턴을 노출 시킬 수 있으니 이중동작을 하지 않도록 신경 쓴다.	태권도의 스텝을 자꾸 사용하면서 지도하면 묵직한 발차기가 나오질 않는다. 일격에 강한 힘이 나온다는 생각을 갖고 수련한다.

Session 30 (preparation: shield, kick mitt)

Classification	Teaching time	Contents	Precaution
Balbutyeo chagi (target is outside of back leg) step 4	20 minutes	• 8 sets of 2 minutes each for training, 30 seconds for break. • First of all, you should teach the way of using shield. • After 4 sets, change holder/kicker. • Execute this kick like Balbutyeo chagi, but move your body diagonally.	When you execute "Arae dollyo chagi", you should lower your body by bending the standing leg. You should not to kick too strong, it is very important to consider your partner's safety.

 **(준비물 : 방패미트, 킥미트)**

구분	교육 시간	교육내용	주의사항
이동수련 아래돌려차기 연타 1~4번	20분	● 세트: 2분 간격 30초 휴식, 총 4세트실시 ● 개인수련 10분 (이동시 자세 확인 매우 중요) ● 단계별로 1세트씩 실시 ● 아래돌려차기를 이동하며 수련할 때는 특히 디딤 발이 중요하다. 차는 시점에 디딤 발은 굽혀야 하며 상체가 업, 다운이 되지 않도록 주의한다. ● 아래돌려차기는 배우기 쉽지만 파워를 내기 위해서는 반복적인 차기 훈련이 필수다.	보조선의 위치는 턱

Session 31 (preparation: shield, kick mitt)

Classification	Teaching time	Contents	Precaution
repetition of Arae dollyo chagi	20 minutes	• 8 sets of 2 minutes each for training, 30 seconds for break. • First of all, you should teach the way of using shield. • After 4 sets, change holder/kicker. • Execute Arae dollyo chagi repeatedly moving forward.	When you execute "Arae dollyo chagi", you should lower your body by bending the standing leg. You should not to kick too strong, it is very important to consider your partner's safety.

◇ 기본 지르기 1~6번 미트치기(파트너)
Mitt training with the 6 steps of Basic punching

이번 회차 부터는 손기술 기본지르기 1~6번 미트를 가지고 직접 타격하는 수련을 해보도록 한다. 미트치기는 치는 사람도 중요하지만 잡아주는 파트너가 잘 잡아줘야 정확한 동작으로 수행할 수 있기 때문에 잡아주는 교육을 필수적으로 해야 한다.

Let's start Mitt training with the 6 steps of Basic Punching.

A partner should assist your mitt training by actively moving the pads towards the strikes.

태권도 실전 손기술

Hand Techniques of Taekwondo for Actual Fighting

 **(준비물 : 주격미트, 빵미트)**

구분	교육 시간	교육내용	주의사항
1번 반대지르기 미트치기	20분	● 세트: 4세트(왕복 1세트) 시간: 2분 훈련후 교대 ● 휴식은 서로 바꿔 가며 실시하기 때문에 따로 휴식 시간을 두지 않았다. ● 지도자가 먼저 잡아주기 (1세트) ● 주격미트 1세트 (정확성) 빵미트 1세트 (스피드, 파워) ● 미트 잡아주는 방법 설명 ● 미트를 잡아주는 파트너는 타격 시 소리가 잘 나야 타격하는 사람도 즐겁게 할 수 있고 심리적으로 힘도 덜든다.	미트 잡는 방법은 초보수련생의 경우 잘 잡지 못함으로 지도자가 먼저 시범을 보여준다. 또 잘못 잡아주는 팀이 있는지 살핀다.

 (preparation: mitt)

Classification	Teaching time	Contents	Precaution
Bandae Jireugi (opposite punch)	20 minutes	• 8 sets of 2 minutes each for training, 30 seconds for break. • First of all, you should teach the way of using mitt. • After 4 sets, change holder/kicker. • You should twist your waist, pivoting your foot while punching mitt.	Focus on the mitt while punching.

33회 (준비물 : 주걱미트, 빵미트)

구분	교육 시간	교육내용	주의사항
2번 바로지르기 미트치기	20분	● 세트: 4세트(왕복 1세트) 시간: 2분 훈련후 교대 ● 휴식은 서로 바꿔 가며 실시하기 때문에 따로 휴식 시간을 두지 않았다. ● 지도자가 먼저 잡아주기 (1세트) ● 주걱미트 1세트 (정확성) 빵미트 1세트 (스피드, 파워) ● 미트 잡아주는 방법 설명 ● 미트를 가격할 때 허리도 같이 써서 강력한 카운터 펀치가 되도록 수련한다. ● 가격하고 나서 재빠르게 당겨와 방어 자세를 취한다.	미트를 칠 때 한 눈을 팔면 다칠 수 있으니 주의한다.

Session 33 (preparation: mitt)

Classification	Teaching time	Contents	Precaution
Baro Jireugi (right punch)	20 minutes	● 8 sets of 2 minutes each for training, 30 seconds for break. ● First of all, you should teach the way of using mitt. ● After 4 sets, change holder/kicker. ● You should twist your waist, pivoting your foot while punching mitt.	Focus on the mitt while punching.

34회 (준비물 : 주격미트, 빵미트)

구분	교육 시간	교육내용	주의사항
3번 두 번 지르기 미트치기	20분	● 세트: 4세트(왕복 1세트) 　시간: 2분 훈련후 교대 ● 지도자가 먼저 잡아주기 　(1세트) ● 주격미트 1세트 (정확성) 　빵미트 1세트 (스피드, 파워) ● 미트 잡아주는 방법 설명 ● 두 번 지르기는 빠르게 　지르는 것이 관건이니 　스피드를 내서 수련한다. ● 빵미트를 칠 때 손과 발의 　타이밍이 맞으면 강력한 힘을 　낼 수 있다.	빠른 속도로 지르고 반복하는 것이 중요하다.

Session 34 (preparation: mitt)

Classification	Teaching time	Contents	Precaution
Doobeon Jireugi (double punch)	20 minutes	• 8 sets of 2 minutes each for training, 30 seconds for break. • First of all, you should teach the way of using mitt. • After 4 sets, change holder/kicker. • Punch twice as fast as possible. • You should twist your waist, pivoting your foot while punching mitt.	Focus on the mitt while punching.

35회 (준비물 : 주격미트, 빵미트)

구분	교육 시간	교육내용	주의사항
미트치기 4번 돌려지르기	20분	● SET: 4세트(왕복 1세트) 시간: 2분 훈련후 교대 ● 지도자가 먼저 잡아주기 (1세트) ● 주걱미트 1세트 (정확성) 빵미트 1세트 (스피드, 파워) ● 미트 잡아주는 방법 설명 ● 팔꿈치를 턱 위치 정도로 높이고 팔을 펴서 지르기를 하면 안 된다. 팔꿈치를 구부려 긁어 치듯이 지르기를 한다. ● 오른손 왼손 번갈아 가며 실시한다.	돌려지르기시 팔꿈치를 펴지 않는다.

 (preparation: mitt)

Classification	Teaching time	Contents	Precaution
Dollyo Jireugi (hook punch)	20 minutes	• 8 sets of 2 minutes each for training, 30 seconds for break. • First of all, you should teach the way of using mitt. • After 4 sets, change holder/kicker. • When you do Dollyo Jireugi, bend your arm to 80~90° and punch. • Do Dollyo Jireugi with your both hands.	Take care not to straighten your arm when doing Dollyo Jireugi.

Chapter 9   225

 **(준비물 : 주걱미트, 빵미트)**

구분	교육 시간	교육내용	주의사항
5번 치 지르기 미트치기	20분	● 세트: 3세트(왕복 1세트) 　시간: 3분 훈련 　거울 수련 2분(자세교정) ● 주걱미트 2세트(정확성) 　빵미트 2세트 (스피드, 파워) ● 미트 잡아주는 방법 설명 ● 옆구리에서부터 턱 높이 이상까지 지르기를 한다. ● 팔꿈치가 옆구리를 스치며 나갈 수 있도록 수련한다.	중심과 체중이 위로 솟아오르지 않도록 주의한다.

Session 36 (preparation: mitt)

Classification	Teaching time	Contents	Precaution
Chi Jireugi	20 minutes	● 8 sets of 2 minutes each for training. ● Position correction watching a mirror for 4 minutes. ● First of all, you should teach the way of using mitt. ● After 4 sets, change holder/kicker. ● When you do Chi Jireugi, punch to the height of nose. ● Do Chi Jireugi with your both hands.	Be careful not to lose your balance.

37회 (준비물 : 주걱미트, 빵미트)

구분	교육 시간	교육내용	주의사항
6번 젖혀 지르기 미트치기	20분	● 세트: 3세트(왕복 1세트) 시간: 3분 훈련 거울 수련 2분(자세교정) ● 주걱미트 2세트(정확성) 빵미트 2세트 (스피드, 파워) ● 미트 잡아주는 방법 설명 ● 혀지르기는 주걱미트보다 방패미트나 빵미트로 실시한다. ● 일직선으로 지르기를 하되 약간 아래에서 위쪽을 지른다는 느낌으로 수행한다. ● 늑골이나 옆구리(신장)등이 목표이다.	방패미트 잡는 법을 알려준다.

 **Session 37** (preparation: mitt)

Classification	Teaching time	Contents	Precaution
Jeocheo Jireugi	20 minutes	• 8 sets of 2 minutes each for training. • Position correction watching a mirror for 4 minutes. • First of all, you should teach the way of using mitt. • After 4 sets, change holder/kicker. • Main target of Jeocheo Jireugi is opponent's flank, parts under the ribs, kidney, etc. So the partner should put the mitt at the height of their flank. • Do Jeocheo Jireugi with your both hands.	Be careful not to lose your balance.

◇ 연결지르기 1~12번 12 Phases of Punch combination

　지금까지 배웠던 기본지르기의 동작은 타격에서는 기본이 되는 기술들이다. 만약 손기술을 수련하면서 이 기본지르기를 소홀히 한다면 태권도 차기에서 앞차기나 돌려차기 기술을 소홀히 수련하는 것과 같다. 상체의 동작이기 때문에 배우기가 쉽지만 자세를 바르게 잡고 몸을 쓰는 동작이 자연스럽게 나오기 까지는 수개월이 걸린다. 이 점을 잊지 말고 수련생들로 하여금 조급하게 생각하지 않도록 교육한다. 기본지르기 연습을 통해서 익숙해졌다면 기본지르기를 조합하여 다양한 연결기술을 만들 수 있다. 연결기술은 기본지르기 보다 경쾌하고 생동감 있으며 단발성으로 지르는 것에 익숙한 수련생들이 지루할 때쯤 연결기술을 지도한다. 빠르고 정확하게 몸을 쓰는 것이 중요하므로, 연결기술 중에서도 가장 기본이 되는 기술들로 구성했다. 이 연결지르기의 기술을 단계별로 지도한다면 체계적인 손기술 연결동작을 구현해 낼 수 있을 것이다.

　You have trained basic punching skills so far. Basic punching skills are very important because they are an essential part of upgrading the hand techniques of Taekwondo for actual fighting. If you don't train these basic punching skills hard, you may not be able to attack and block in a real situation. When your students are skilled with basic punching skills, then you should teach the next step(combinations) to them. From the first motion to the second motion, you should use your waist and balance your self. We arranged the combinations step by step, so train hard and teach them carefully.

KTA 대한태권도협회

태권도 실전 손기술
Hand Techniques of Taekwondo for Actual Fighting

38회 (준비물 : 거울 연습)

구분	교육 시간	교육내용	주의사항
연결 지르기 두 번 지르기	20분	● 세트: 5세트, 시간: 2분 훈련, 휴식 30분, 거울 수련 8분 (자세교정) ● 거울 수련시 수련장을 돌며 지도자가 자세를 교정해준다. ● 아직은 자세가 불안정함으로 자세교정에 중점을 둔다. ● 두 번 지르기는 가장 빠른 속도로 실시한다. ● 실전에서 많이 사용하는 지르기로 연습량이 많아야 하고 자세가 올바르고 중심선이 좌, 우로 비틀리고 앞, 뒤로는 움직이지 않아야 한다. ● 두 번 지르기 역시 보조 손은 항상 턱밑에 위치하여 상대 공격에 대비해야 한다.	빠른 속도로 지르고 반복하는 것이 중요하다.

Session 38 (preparation: mirror)

Classification	Teaching time	Contents	Precaution
Combination Doobeon Jireugi (double punch)	20 minutes	● 5 sets of 2 minutes each for training, 30 seconds for break. ● Position correction watching a mirror for 7 minutes. ● For the first time, master should correct the student's position and motion. ● Punch twice, as fast as possible. ● Do Doobeon Jireugi with both stances.	Be careful not to lose your balance.

Chapter 9 233

39회 (준비물 : 거울 연습)

구분	교육 시간	교육내용	주의사항
연결 지르기 두 번 지르고 돌려지르기	20분	• 세트: 5세트, 시간: 2분 훈련, 휴식 30분, 거울 수련 8분 (자세교정) • 거울 수련시 수련장을 돌며 지도자가 자세를 교정해준다. • 아직은 자세가 불안정함으로 자세교정에 중점을 둔다. • 지르기와 지르기 사이에 멈추고 지르기를 하면 힘이 중단되었다 다시 시작됨으로 위력적이지 못하니 부드럽게 연결될 수 있도록 수련한다.	연결기술은 동작이 부드럽게 이루어져야 한다.

Session 39 (preparation: mirror)

Classification	Teaching time	Contents	Precaution
Combination Doobeon Jireugi → Dollyo Jireugi	20 minutes	● 5 sets of 2 minutes each for training, 30 seconds for break. ● Position correction watching a mirror for 7 minutes. ● For the first time, master should correct the student's position and motion. ● Punch twice, as fast as possible and do Dollyo Jireugi while twisting your waist. ● Do this combination with both stances.	Be careful not to lose your balance.

40회 (준비물 : 거울 연습)

구분	교육시간	교육내용	주의사항
연결 지르기 두 번 지르고 치지르기	20분	● 세트: 5세트, 시간: 2분 훈련, 휴식 30분, 거울 수련 8분 (자세교정) ● 거울 수련시 수련장을 돌며 지도자가 자세를 교정해준다. ● 아직은 자세가 불안정함으로 자세교정에 중점을 둔다. ● 치지르기는 가까이 붙어 있을 때 사용하는 손기술이므로 동작을 되도록 짧고 간결하게 수련하는 것이 좋다.	치지르기를 할 때 팔꿈치가 옆구리를 스치듯 나간다.

Session 40 (preparation: mirror)

Classification	Teaching time	Contents	Precaution
Combination Doobeon Jireugi → Chi Jireugi	20 minutes	• 5 sets of 2 minutes each for training, 30 seconds for break. • Position correction watching a mirror for 7 minutes. • For the first time, master should correct the student's position and motion. • Punch twice, as fast as possible and do Chi Jireugi while twisting your waist. • Do this combination with both stances.	Be careful not to lose your balance.

Chapter 9 237

41 회 (준비물 : 거울 연습)

구분	교육 시간	교육내용	주의사항
연결 지르기 두 번 지르고 젖혀 지르기	20분	● 세트: 5세트, 시간: 2분 훈련, 휴식 30분, 거울 수련 8분 (자세교정) ● 5세트중 2세트를 구령에 맞춰서 실시한다. ● 거울 수련시 수련장을 돌며 지도자가 자세를 교정해준다. ● 지르기를 하고 있는 반대의 보조 손은 턱 위치에 있어야 한다. 간혹 태권도 기본동작 에익숙해져 있는 수련생들이 자신도 옆구리에 갖다 놓는 습관이 있으므로 쇄도우 수련시 면밀히 살핀다. ● 두 번 지르기시 손과 발이 동시에 움직도록 역점을 둔다.	연결성을 갖도록 신경을 쓴다.

Session 41 (preparation: mirror)

Classification	Teaching time	Contents	Precaution
Combination Doobeon Jireugi → JeocheoJ ireugi	20 minutes	• 5 sets of 2 minutes each for training, 30 seconds for break. • Position correction watching a mirror for 7 minutes. • For the first time, master should correct the student's position and motion. • Punch twice as fast as possible and do Jeocheo Jireugi while twisting your waist. • Do this combination with both stances.	Be careful not to lose your balance.

42회 (준비물 : 거울 연습)

구분	교육 시간	교육내용	주의사항
연결 지르기 두 번 지르고 돌려지르고 치지르기	20분	● 세트: 5세트, 시간: 2분 훈련, 휴식 30분, 거울 수련 8분 (자세교정) ● 5세트중 2세트를 구령에 맞춰서 실시한다. ● 거울 수련시 수련장을 돌며 지도자가 자세를 교정해준다. ● 5단계의 기술은 지금까지 실시했던 낱 동작들을 모두 연결하여 지르는 기술이다. 스피드가 있어야 하고 정확한 기술을 구사할 수 있어야 한다. ● 어깨에 힘을 빼고 자연스럽게 수련한다.	어깨에 너무 힘이 들어가지 않도록 한다.

Session 42 (preparation: mirror)

Classification	Teaching time	Contents	Precaution
Combination Doobeon Jireugi → Dollyo Jireugi → Chi Jireugi	20 minutes	● 5 sets of 2 minutes each for training, 30 seconds for break. ● Position correction watching a mirror for 7 minutes. ● For the first time, master should correct the student's position and motion. ● Punch twice, as fast as possible and do Dollyo Jireugi twisting your waist, and then do Chi Jireugi while pivoting your back foot. ● Do this combination with both stances.	Be careful not to lose your balance.

Chapter 9

43회 (준비물 : 거울 연습)

구분	교육 시간	교육내용	주의사항
연결 지르기 두 번 지르고 돌려지르고 젖혀지르기	20분	● 세트: 5세트, 시간: 2분 훈련 휴식 30분, 거울 수련 8분 (자세교정), 5세트중 2세트를 구령에 맞춰서 실시한다. ● 거울 수련시 수련장을 돌며 지도자가 자세를 교정해준다. ● 허리의 반동력을 충분히 이용한다. ● 아직 허리를 사용하는 몸놀림을 갖추지 못했지만 허리의 비틀림을 이해시키고 동작이 자연스럽지 않아도 허리를 사용하라고 알려준다.	허리의 비틀림을 적극적으로 사용한다.

 **(preparation: mirror)**

Classification	Teaching time	Contents	Precaution
Combination Doobeon Jireugi → Dollyo Jireugi → Jeocheo Jireugi	20 minutes	● 5 sets of 2 minutes each for training, 30 seconds for break. ● Position correction watching a mirror for 7 minutes. ● For the first time, master should correct the student's position and motion. ● Punch twice, as fast as possible and do Dollyo Jireugi twisting your waist, and then do Jeocheo Jireugi while pivoting your back foot. ● Do this combination with both stances.	Be careful not to lose your balance.

Chapter 9 243

◇ 이동수련 Practice hand technique while moving

　기본 지르기 1~6번을 제자리에서 그리고 파트너와 마주보고 쉐도우 수련, 그리고 미트치기를 해보았다. 기본적인 수련으로 인해 이제 수련생들은 기본지르기의 개념을 확실히 습득했을 것이다. 정확하지는 않지만 몸 쓰는 방법이라든지 밸런스가 어느 정도 체계가 잡혔다고 생각이 들면 이제 이동수련(딛기)을 해야 한다. 이동수련(딛기)이라 함은 오른발에서 왼발, 모듬 발, 잦은 발, 빠른 발, 등 몸의 중심을 이동시키는 것을 의미한다. 중심이동(딛기)에는 여러 가지 원칙이 있지만 가장 중요한 것은 우리의 몸이 이동된다고 해서 중심이 기울어지는 것이 아니다. 중심의 축은 언제가 바르게 서 있고 다만 좌, 우로 비틀림이 있을 뿐이다! 물론 앞, 뒤로도 중심이 이동될 수 있지만 초보 수련생인 경우 좌, 우의 이동과 중심축 세우는 수련이 먼저 선행되어야 한다. 그런 의미에서 이번 회차부터 배우는 이동수련은 초보자에서 중급자의 실력을 갖추기 위한 교두보의 역할을 하게 되니 중요한 수련이며, 이동수련의 대상자가 된다면 이미 3~5개월(수련생마다 조금씩 차이가 있음)정도 흘러간 상태이다. 이동수련은 기본지르기의 단계를 그대로 응용한 동작이다. 따라서 이동수련을 수행하게 되면 중심이동의 수련 뿐 아니라 반복 수련의 효과, 이동시 거리감각등 다양한 몸놀림을 배울 수 있으며 우리 태권도의 스포츠 겨루기(얼굴 공격과 아래돌려차기 허용 룰은 무도겨루기라고 칭함)에서의 스텝도 배울 수 있게 된다.

　If you have finished "Session 43", you will be pretty skilled with hand techniques. From now on, let's practice the hand techniques of Taekwondo while moving forward and backward. When moving your weight, your feet should be fast and maintaining your balance is very important. To keep the balance of your whole body, you should straighten your back all the time except when you have to parry your opponent's attack by ducking. You can improve both your sense of distance and footwork through this practice.balance your self. We arranged the combinations step by step, so train hard and teach them carefully.

KTA 대한태권도협회

태권도 실전 손기술
Hand Techniques of Taekwondo for Actual Fighting

44회 (준비물 : 거울 연습)

구분	교육 시간	교육내용	주의사항
이동수련 기본 지르기 1번 반대지르기	20분	● 세트: 4세트, 시간: 2분 훈련, 휴식 30분 ● 개인수련 10분(이동시 자세 확인 매우 중요) ● 팔꿈치는 몸 바깥선에서 벗어나면 안된다. ● 팔꿈치가 들리면 안 된다. ● 반대지르기로 이동을 할 때 지르는 손과 발이 동시에 움직이고 임팩트 순간 하체도 급정지를 해주는 방식으로 수련한다. ● 손기술 자세는 태권도 겨루기 자세와 같이 일자 서기를 사용하지 말고 손기술이 원활하게 움직이게 오른발이 45° 정도 벌려지도록 서기를 한다. ● 수련생들에겐 자세가 중요하니 자세와 지르는 모습을 꼼꼼히 살핀다.	손과 발이 동시에 움직일 수 있도록 한다.

Session 44 (preparation: mirror)

Classification	Teaching time	Contents	Precaution
Basic punching while moving step 1 Bandae Jireugi	20 minutes	● 4 sets of 2 minutes each for training, 30 seconds for break. ● Position correction watching a mirror for 10 minutes. ● Your stance should be a Mojuchumseogi. ● Don't lift up your elbow while doing Bandae Jireugi. ● Punch at the same time putting your front foot on the ground.	Be careful not to lose your balance.

45회 (준비물 : 거울 연습)

구분	교육 시간	교육내용	주의사항
이동수련 기본 지르기 2번 바로 지르기	20분	● 세트: 4세트, 시간: 2분 훈련, 휴식 30분 ● 개인수련 10분(이동시 자세 확인 매우 중요) ● 팔꿈치는 몸 바깥선에서 벗어나면 안된다. ● 팔꿈치가 들리면 안 된다. ● 다리는 앞발이 이동해서 멈출 때 손동작도 멈추는 자세가 있고 두 다리가 동시에 벌릴 때 손동작도 일치 시키는 방법이 있다. ● 이동할 때 상체가 앞으로 쏠리지 않도록 주의한다.	상체가 앞으로 쏠리지 않도록 주의한다.

Session 45 (preparation: mirror)

Classification	Teaching time	Contents	Precaution
Basic punching while moving step 2 Baro Jireugi	20 minutes	● 4 sets of 2 minutes each for training, 30 seconds for break. ● Position correction watching a mirror for 10 minutes. ● Your stance should be a Mojuchumseogi. ● Don't lift up your elbow while doing Bandae Jireugi. ● Punch at the same time putting your front foot on the ground.	Be careful not to lose your balance.

Chapter 9 249

46회 (준비물 : 거울 연습)

구분	교육시간	교육내용	주의사항
이동수련 기본 지르기 3번 두 번 지르기	20분	● SET: 4세트, 시간: 2분 훈련, 휴식 30분 ● 개인수련 10분(이동시 자세 확인 매우 중요) ● 팔꿈치는 몸 바깥선에서 벗어나면 안된다. ● 팔꿈치가 들리면 안 된다. ● 반대지르고 바로지르기를 연속해서 구사하는데 마지막 바로지르기에서 허리의 비틀림이 일어나야 한다. ● 두 번 지르기에서 허리를 쓰는 기술이 많이 생기게 됨으로 허리를 사용하는지 면밀히 살핀다. ● 손을 지를 때 마지막 지르는 손이 너무 과도하게 앞으로 나가서 어깨가 앞쪽으로 쏠리는 현상이 일어난다. 이 동작은 습관이 들면 고치기 매우 어려운 동작이니 수련생들에게 주의시킨다.	상체가 앞으로 쏠리지 않도록 주의한다.

Session 46 (preparation: mirror)

Classification	Teaching time	Contents	Precaution
Basic punching while moving step 3 Doobeon Jireugi	20 minutes	• 4 sets of 2 minutes each for training, 30 seconds for break. • Position correction watching a mirror for 10 minutes. • Your stance should be a Mojuchumseogi. • Don't lift up your elbow while doing it. • Punch twice, as fast as possible. • Start punching at the same time as putting your front foot on the ground.	Be careful not to lose your balance.

47 회 (준비물 : 거울 연습)

구분	교육 시간	교육내용	주의사항
이동수련 기본 지르기 4번 두 번 지르고 돌려지르기	20분	● 세트: 4세트, 시간: 2분 훈련, 휴식 30분 ● 개인수련 10분(이동시 자세 확인 매우 중요) ● 지르기와 지르기사이에 힘의 연결이 끊어지면 안 된다. ● 반대지르고 바로지르기를 연속해서 구사하는데 마지막 바로지르기 에서 허리의 비틀림이 일어나야 한다. ● 첫 번째 반대지르기의 임팩트가 일어날 때 다리의 힘과 일치해야 한다. ● 몸의 중심축이 앞쪽이나 옆으로 쏠리면 안 된다.	상체가 앞으로 쏠리지 않도록 주의한다.

Session 47 (preparation: mirror)

Classification	Teaching time	Contents	Precaution
Basic punching while moving step 4 Doobeon Jireugi → Dollyo Jireugi	20 minutes	● 4 sets of 2 minutes each for training, 30 seconds for break. ● Position correction watching a mirror for 10 minutes. ● Your stance should be a Mojuchumseogi. ● Don't cut the power when doing this combination. ● Start punching at the same time as putting your front foot on the ground. ● Punch twice, as fast as possible and do Dollyo Jireugi while twisting your waist.	Be careful not to lose your balance.

48회 (준비물 : 거울 연습)

구분	교육 시간	교육내용	주의사항
이동수련 기본 지르기 5번 두 번 지르고 치지르기	20분	● 세트: 4세트, 시간: 2분 훈련, 휴식 30분 ● 개인수련 10분(이동시 자세 확인 매우 중요) ● 지르기와 지르기사이에 힘의 연결이 끊어지면 안 된다. ● 몸의 중심축이 앞쪽이나 옆으로 쏠리면 안 된다. ● 타격 목표가 정확해야 한다. ● 스텝이 이동하면서 자칫 올림픽 겨루기스타일의 스탠tm가 될 수 있음으로 주의해야 한다.	이동간의 손기술의 핵심은 자세, 중심선 살리기, 그리고 타격 시 임팩트다.

Session 48 (preparation: mirror)

Classification	Teaching time	Contents	Precaution
Basic punching while moving step 5 Doobeon Jireugi → Chi Jireugi	20 minutes	● 4 sets of 2 minutes each for training, 30 seconds for break. ● Position correction watching a mirror for 10 minutes. ● Your stance should be a Mojuchumseogi. ● Don't cut the power when doing this combination. ● Start punching at the sam time as putting your front foot on the ground. ● Punch twice as fast as possible and do Chi Jireugi while twisting your waist.	Be careful not to lose your balance.

49회 (준비물 : 거울 연습)

구분	교육 시간	교육내용	주의사항
이동수련 기본 지르기 6번 두 번 지르고 젖혀 지르기	20분	● 세트: 4세트, 시간: 2분 훈련, 휴식 30분 ● 개인수련 10분(이동시 자세 확인 매우 중요) ● 지르기와 지르기사이에 힘의 연결이 끊어지면 안 된다. ● 몸의 중심축이 앞쪽이나 옆으로 쏠리면 안 된다. ● 스텝이 이동하면서 자칫 올림픽 겨루기 스타일의 스탠스가 될 수 있음으로 주의해야 한다. ● 젖혀 지르기의 목표는 늑골 바로 밑이다. 얼굴과 복부가 공격 목표이기 때문에 보조하는 손의 위치가 중요하다. (보조 손의 위치-턱)	보조선의 위치는 턱, 젖혀지르기를 할 때 자칫 엄지손가락을 다칠 수도 있으니 각별히 신경쓴다.

Session 49 (preparation: mirror)

Classification	Teaching time	Contents	Precaution
Basic punching while moving step 6 Doobeon Jireugi → Jeocheo Jireugi	20 minutes	• 4 sets of 2 minutes each for training, 30 seconds for break. • Position correction watching a mirror for 10 minutes. • You should keep the stance of Mojuchumseogi while moving. • Don't cut the power when doing this combination. • Start punching at the same time as putting your front foot on the ground. • Punch twice, as fast as possible and do Jeocheo Jireugi while twisting your waist.	Be careful not to lose your balance.

◇ **연결지르기 (미트치기)** Combination punching with mitts

    지금까지 이동하면서 기본 연결지르기 손기술을 허공에 연습해 보았다. 이번 회차부터는 미트를 가지고 경쾌한 소리와 함께 좀 더 박진감 있는 동작으로 실시해 본다. 미트를 잡는다는 것은 파트너 수련을 의미하며 잡아주는 파트너의 역할이 매우 중요함을 잊지 않아야 한다.

    Until now, you have punched in the air. It's time to use these combinations while punching mitts with your partner. The partner should assist the practice by actively moving the pads towards the strikes.

태권도 실전 손기술

Hand Techniques of Taekwondo for Actual Fighting

50회 (준비물 : 주격미트, 빵미트)

구분	교육 시간	교육내용	주의사항
이동수련 기본 지르기 6번 두 번 지르고 젖혀 지르기	20분	● 세트: 4세트, 시간: 2분 훈련 (바꿔서 하기 때문에 중간 휴식이 없음) ● 파트너 수련시 30초 휴식 ● 경쾌한 음악(안 해도 무방) ● 지도자는 수련장을 돌며 바른 자세로 수련할 수 있도록 계속 코칭한다. ● 어깨에 너무 힘이 들어가지 않도록 코칭한다. ● 두 번 지르기는 가장 빠른 속도로 실시한다. ● 타이밍을 잘 잡아서 칠 수 있도록 집중한다.	빠른 속도로 지르고 반복하는 것이 중요하다.

Session 50 (preparation: mitt)

Classification	Teaching time	Contents	Precaution
Mitt training Doobeon Jireugi	20 minutes	• 8 sets of 2 minutes each for training, 30 seconds for break. • After 4 sets, change holder/puncher. • Relax the shoulders. • Start punching at the sam time as putting your front foot on the ground. • Punch twice, as fast as possible.	Be careful not to lose your balance.

51 회 (준비물 : 주걱미트, 빵미트)

구분	교육 시간	교육내용	주의사항
미트치기 두 번 지르고 돌려지르기	20분	● 세트: 4세트 (왕복이 1세트) ● 시간: 2분 훈련 (바꿔서 하기 때문에 중간 휴식이 없음. ● 파트너 수련시 30초 휴식 ● 지도자는 수련장을 돌며 바른 자세로 수련할 수 있도록 계속 코칭한다. ● 어깨에 너무 힘이 들어가지 않도록 코칭한다. ● 돌려지르기를 할 때 허리가 과도하게 돌아가지 않도록 주의한다.	빠른 속도로 지르고 반복하는 것이 중요하다.

Session 51 (preparation: mitt)

Classification	Teaching time	Contents	Precaution
Mitt training Doobeon Jireugi → Dollyo Jireugi	20 minutes	• 8 sets of 2 minutes each for training, 30 seconds for break. • After 4 sets, change holder/puncher. • Relax the shoulders. • Start punching at the same time as putting your front foot on the ground. • Punch twice, as fast as possible and do Dollyo Jireugi while twisting the waist.	Be careful not to lose your balance.

52회 **(준비물 : 주걱미트, 빵미트)**

구분	교육 시간	교육내용	주의사항
미트치기 두 번 지르고 치지르기	20분	● 세트: 4세트 (왕복이 1세트) ● 시간: 2분 훈련 (바꿔서 하기 때문에 중간 휴식이 없음. ● 파트너 수련시 30초 휴식 ● 지도자는 수련장을 돌며 바른 자세로 수련할 수 있도록 계속 코칭한다. ● 치지르기의 목표는 턱관절이다. 턱의 높이에 맞게 지르기 하는 습관을 갖는다. ● 치지르기를 할 때 체중이 치지르기 하는 쪽으로 쏠리지 않도록 주의한다.	수련생의 정확한 자세가 숙지 되도록 코칭

Session 52 (preparation: mitt)

Classification	Teaching time	Contents	Precaution
Mitt training Doobeon Jireugi → Chi Jireugi	20 minutes	● 8 sets of 2 minutes each for training, 30 seconds for break. ● After 4 sets, change holder/puncher. ● Relax the shoulders. ● Start punching at the same time as putting your front foot on the ground. ● Punch twice, as fast as possible and do Chi Jireugi while twisting the waist. ● Focus on the target when punching.	Be careful not to lose your balance.

Chapter 9 265

53회 (준비물 : 주걱미트, 빵미트)

구분	교육 시간	교육내용	주의사항
미트치기 두 번 지르고 젖혀 지르기	20분	● 세트: 4세트 (왕복이 1세트) ● 시간: 2분 훈련 (바꿔서 하기 때문에 중간 휴식이 없음. ● 파트너 수련시 30초 휴식 ● 경쾌한 음악(안 해도 무방) ● 지도자는 수련장을 돌며 바른 자세로 수련할 수 있도록 계속 코칭한다. ● 복부는 실전에서도 주요 타격 목표로 정해질 만큼 급소가 많다. 그래서 지르기를 하는 한손을 항상 방어의 자세가 되어 있어야 한다.	수련생의 정확한 자세가 숙지되도록 코칭

Session 53 (preparation: mitt)

Classification	Teaching time	Contents	Precaution
Mitt training Doobeon Jireugi → Jeocheo Jireugi	20 minutes	• 8 sets of 2 minutes each for training, 30 seconds for break. • After 4 sets, change holder/puncher. • Relax the shoulders. • Start punching at the same time as putting your front foot on the ground. • Punch twice, as fast as possible and do Jeocheo Jireugi while twisting the waist. • Focus on the target when punching.	Be careful not to lose your balance.

 **(준비물 : 주걱미트, 빵미트)**

구분	교육 시간	교육내용	주의사항
미트치기 두 번 지르고 돌려 지르고 치 지르기	20분	● 세트: 4세트 (왕복이 1세트) ● 시간: 2분 훈련 (바꿔서 하기 때문에 중간 휴식이 없음. ● 파트너 수련시 30초 휴식 ● 실전의 훈련도 되지만 더 큰 의미는 여러 가지의 손기술을 연결시켜 체력향상과 다이어트 목적도 있다. ● 경쾌한 음악(안 해도 무방) ● 전체적으로 구령에 맞춰서 2세트 실시 ● 지도자는 수련장을 돌며 바른 자세로 수련할 수 있도록 계속 코칭한다. ● 어깨에 너무 힘이 들어가지 않도록 코칭한다. ● 거리가 맞지 않고 미트에서 경쾌한 소리가 나지 않는 것은 90%가 잡아주는 파트너의 실수라는 것을 숙지시킨다.	수련생의 정확한 자세가 숙지되도록 코칭

Session 54 (preparation: mitt)

Classification	Teaching time	Contents	Precaution
Mitt training Doobeon Jireugi → Dollyo Jireugi → Chi Jireugi	20 minutes	● 8 sets of 2 minutes each for training, 30 seconds for break. ● After 4 sets, change holder/puncher. ● Relax the shoulders. ● Start punching at the same time as putting your front foot on the ground. ● Don't stop the power when doing this combination. ● Focus on the target when punching. ● The partner should assist this combination so a big sound comes out of the mitt.	Be careful not to lose your balance.

55회 (준비물 : 주걱미트, 빵미트)

구분	교육 시간	교육내용	주의사항
미트치기 두 번 지르고 돌려지르고 젖혀 지르기	20분	● 세트: 4세트 (왕복이 1세트) ● 시간: 2분 훈련 (바꿔서 하기 때문에 중간 휴식이 없음. ● 파트너 수련시 30초 휴식 ● 실전의 훈련도 되지만 더 큰 의미는 여러 가지의 손기술을 연결시켜 체력향상과 다이어트 목적도 있다. ● 경쾌한 음악(안 해도 무방) ● 전체적으로 구령에 맞춰서 2세트 실시 ● 지도자는 수련장을 돌며 바른 자세로 수련할 수 있도록 계속 코칭한다. ● 어깨에 너무 힘이 들어가지 않도록 코칭한다. ● 빠르게 지르기보단 정확한 자세로 임팩트 하는 것이 더욱 중요하다.	빠른 속도로 지르고 반복하는 것이 중요하다.

Session 55 (preparation: mitt)

Classification	Teaching time	Contents	Precaution
Mitt training Doobeon Jireugi → Dollyo Jireugi → Jeocheoi Jireugi	20 minutes	• 8 sets of 2 minutes each for-training, 30 seconds for break. • After 4 sets, change holder/puncher. • Relax the shoulders. • Start punching at the same time as putting your front foot on the ground. • Don't stop the power when doing this combination. • The trainee should be able to connect every motion of this combination. • Focus on the target when punching. • The partner should assist this combination so a big sound comes out of the mitt.	Be careful not to lose your balance.

Chapter 9 271

56회 (준비물 : 주걱미트, 빵미트)

구분	교육 시간	교육내용	주의사항
미트치기 두 번 지르고 돌려지르고 젖혀 지르기	20분	● 세트: 2분 간격 30초 휴식, 총 3세트 실시 ● 실전의 훈련도 되지만 더 큰 의미는 여러 가지의 손기술을 연결시켜 체력향상과 다이어트 목적도 있다. ● 개인수련 7분(이동시 자세 확인 매우 중요) ● 지르기와 지르기사이에 힘의 연결이 끊어지면 안 된다. ● 몸의 중심축이 앞쪽이나 옆으로 쏠리면 안 된다. ● 네 종류의 다른 동작을 한꺼번에 구사해야 하기 때문에 스피드가 요구된다. 빠르게 구사하며 빠르지만 중심이 무너지지 말아야 한다.	네 가지의 다른 기술을 한 번에 구사하기 때문에 스피드가 핵심

Session 56 (preparation: mitt)

Classification	Teaching time	Contents	Precaution
Mitt training Doobeon Jireugi → Dollyo Jireugi → Chi Jireugi → Jeocheoi Jireugi	20 minutes	● 8 sets of 2 minutes each for training, 30 seconds for break. ● After 4 sets, change holder/puncher. ● Relax the shoulders. ● Start punching at the same time as putting your front foot on the ground. ● Don't stop the power when doing this combination. ● The trainee should be able to connect every motion of this combination. ● Focus on the target when punching. ● The partner should assist this combination so a big sound comes out of the mitt.	Be careful not to lose your balance.

Chapter 9 273

◇ **복합기술(미트치기)** Combintion with hands and feet

　지금까지 수련한 내용은 다양한 손기술 습득을 통해 이동하고 연결하고 미트를 가격하는 방법을 배워 보았다. 이제 배우게 될 복합기술이란 손기술뿐만 아니라 발기술을 이용하여 허공, 또는 다양한 미트를 통해 조화롭게 기술을 펼치는 것을 말한다. 복합기술은 손과 발을 동시에 사용하는 몸놀림으로 중심이동이나 힘의 균형, 손과 발의 조화등 실전태권도 기술로서 꼭 필요한 수련이며 다양한 반복 수련을 통하여 실전감각을 익히는 순서다. 단 어려운 조합은 아니고 기초적인 복합 기술들 위주로 구성하였다. 파트너와 함께 수련 할 때는 공격하는 파트너의 몸놀림이 빠르게 진행되기 때문에 미트를 잡아주는 파트너는 미트를 집중해서 잡아주어야 하며 자칫 실수하면 미트에 부딪쳐 얼굴이나 손에 상처가 날 수 있으니 주의한다.

　If you have trained the hand techniques enough, you should be able to connect hand techniques and kicks. To connect hand techniques and kickis, systematic movement and maintaining a great sense of balance are very important. From now on, let's train combination with hands and feet with the partner. The partner should be careful not to lose the timing while assisting the mitt training because the trainee may execute the combinations very fast.

KTA 대한태권도협회

태권도 실전 손기술

Hand Techniques of Taekwondo for Actual Fighting

57회 (준비물 : 방패미트, 킥미트)

구분	교육시간	교육내용	주의사항
복합기술 두 번 지르고 앞차기	20분	● 세트: 2분 간격 30초 휴식, 총 5세트실시 ● 실전의 훈련도 되지만 더 큰 의미는 여러 가지의 손기술을 연결시켜 체력향상과 다이어트 목적도 있다. ● 개인수련 8분, 혹은 파트너와 자세교정 ● 두 번 지르기를 할 때에는 속도에만 치우치지 않고 정확하게 해야 한다. ● 앞차기는 너무 높게만 차려 하지 말고 명치를 향하여 직선으로 차도록 한다. ● 두 번 지르고 앞차기를 찰 때 하나의 동작이 될 수 있도록 지르기에 이어서 앞차기가 연결되어 차도록 한다.	지르기를 정확히 하고 앞차기를 차야 한다.

Session 57 (preparation: mitt)

Classification	Teaching time	Contents	Precaution
Mitt training Doobeon Jireugi → Ap Chagi (front kick)	20 minutes	● 8 sets of 2 minutes each for training, 30 seconds for break. ● After 4 sets, change holder/striker. ● Relax the shoulders. ● Start punching at the same time as putting your front foot on the ground. ● Use the ball of the foot when doing Ap Chagi. ● The target of Ap Chagi is enemy's solar plexus.	Be careful not to lose your balance.

Chapter 9

58회 (준비물 : 방패미트, 킥미트)

구분	교육 시간	교육내용	주의사항
복합기술 앞발 앞차고 두 번 지르기	20분	● 세트: 2분 간격 30초 휴식, 총 5세트실시 ● 개인수련 8분, 혹은 파트너와 자세교정 ● 앞발 앞차기를 찰 때 상체가 뒤쪽으로 너무 젖혀지지 않도록 주의해야 한다. 또한 강하게 공격 한다는 생각보다는 공격의 흐름을 끊는다고 생각하며, 차도록 한다. ● 두 번 지르기는 앞차기를 차고 내릴 때 지르기도 함께 나가야 하며, 앞쪽으로 한발 바닥 정도 들어가면서 지르는 것이 더욱 효과적이다.	앞차기의 목표는 두 번 지르기의 연결을 도와주는 역할이므로 너무 강하게 차지 않는다.

Session 58 (preparation: mitt)

Classification	Teaching time	Contents	Precaution
Mitt training Ap Chagi (front kick with a front foot) → Doobeon Jireugi	20 minutes	● 8 sets of 2 minutes each for training, 30 seconds for break. ● After 4 sets, change holder/striker. ● After finishing Ap Chagi put your front foot on the ground and at the same time do Doobeon Jireugi. ● Straighten your back when doing Ap Chagi. ● Use the ball of foot when doing Ap Chagi. ● The target of Ap Chagi is the enemy's solar plexus.	Be careful not to lose your balance.

59회 (준비물 : 방패미트, 킥미트)

구분	교육 시간	교육내용	주의사항
복합기술 두 번 지르고 돌려차기 (아래, 몸통, 얼굴)	20분	● 세트: 2분 간격 30초 휴식, 총 5세트실시 ● 개인수련 8분, 혹은 파트너와 자세교정 ● 두 번 지르기는 빠르게 정확하게 하지만 결정타는 아니다. 실제는 돌려차기가 핵심이다. ● 두 번 지르기가 끝남과 동시에 돌려차기가 원활하게 이루어져야 한다.	두 번 지르기의 목표는 돌려차기의 연결해 주는 의미도 있으니 너무 힘이 들어가지 안도록 주의 한다.

Session 59 (preparation: mitt)

Classification	Teaching time	Contents	Precaution
Mitt training Doobeon Jireugi → Dollyo Chagi (roundhouse kick) (low, middle, high)	20 minutes	● 8 sets of 2 minutes each for training, 30 seconds for break. ● After 4 sets, change holder/striker. ● After finishing Doobeon Jireugi, kick as fast as you can. ● Focus on Dollyo Chagi rather than Doobeon Jireugi. (you can deceive your opponent with Doobeon Jireugi).	Be careful not to lose your balance.

Chapter 9

60회 (준비물 : 방패미트, 킥미트

구분	교육 시간	교육내용	주의사항
복합기술 돌려차고 (아래, 몸통, 얼굴) 두 번 지르기	20분	● 세트: 2분 간격 30초 휴식, 총 5세트실시 ● 개인수련 8분, 혹은 파트너와 자세교정 ● 돌려차기가 주 공격포인트 이다. ● 첫 번재 돌려차기에서 힘을 쓰고 돌려차기를 접어 오는 순간 가차없이 두 번 지르기가 나간다. ● 역시 손과 발의 연결성은 부드러워야 한다. ● 자칫 두 번 지를 때 손목이 꺾일 수 있으니 주의 한다.	돌려차기가 핵심이다. 강하고 빠르게 차는 수련을 한다.

Session 60 (preparation: mitt)

Classification	Teaching time	Contents	Precaution
Mitt training Dollyo Chagi → (roundhousekick) (low, middle, high) Doobeon Jireugi	20 minutes	● 8 sets of 2 minutes each for training, 30 seconds for break. ● After 4 sets, change holder/striker. ● After finishing Dollyo Chagi, do Doobeon Jireugi quickly. ● Focus on Dollyo Chagi rather than Doobeon Jireugi. (you can deceive your enemy with Doobeon Jireugi). ● Be careful not to injure your wrist.	Be careful not to lose your balance.

Chapter 9 283

61 회 (준비물 : 방패미트, 킥미트)

구분	교육시간	교육내용	주의사항
복합기술 바로 지르고 젖혀 지르고 앞발 바깥 아래 돌려차기	20분	● 세트: 2분 간격 30초 휴식, 총 5세트실시 ● 개인수련 8분, 혹은 파트너와 자세교정 ● 실전의 훈련도 되지만 더 큰 의미는 여러 가지의 손기술을 연결시켜 체력향상과 다이어트 목적도 있다. ● 지르기를 할 때 허리를 사용하지 않고 팔로만 할 수 있으니 지르기와 발차기를 찰 때 주의해서 연습해야 한다. ● 아래 돌려차기를 찰 때 효과적으로 차기위해서는 발차기의 각도를 조금 크게 차야 된다.	지르기와 아래 돌려차기를 찰 때 허리가 좌우로 회전을 해야 한다.

Session 61 (preparation: mitt)

Classification	Teaching time	Contents	Precaution

Mitt training
Baro Jireugi
→ Jeocheo Jireugi
→ Arae Dollyo chagi
   (with front foot)
   (target is inside of
   front leg)
	20 minutes	● 8 sets of 2 minutes each for training, 30 seconds for break.
		● After 4 sets, change holder/striker.
		● After finishing Jeocheo Jireugi, move your weight to the back foot and at the same time do Arae Dollyo chagi.
		● Use your waist when punching.
			Be careful not to lose your balance.

Chapter 9　285

62회 (준비물 : 방패미트, 킥미트)

구분	교육 시간	교육내용	주의사항
복합기술 두 번 지르고 바로 지르고 몸통 돌려차기	20분	● 세트: 2분 간격 30초 휴식, 총 5세트실시 ● 개인수련 8분, 혹은 파트너와 자세교정 ● 지르기는 동작이 끝나면 처음 위치했던 곳으로 와야한다. 그러므로 두 번 지르에 이어서 바로지르기가 연결 되어서 나와야 한다. ● 마지막 바로지르기 동작 에서는 지르기를 했던 손을 제자리에 오도록 하는 것이 아니라 바로 지르기가 나가 면서 바로 몸통 돌려차기가 연결되어야 한다.	지르기와 발차기의 동작이 한 동작 이므로 끊어지지 않고 연결되도록 한다.

Session 62 (preparation: mitt)

Classification	Teaching time	Contents	Precaution
Mitt training Doobeon Jireugi → Bandae Jireugi → Dollyo chagi	20 minutes	• 8 sets of 2 minutes each for training, 30 seconds for break. • After 4 sets, change holder/striker. • After finishing Doobeon Jireugi, execute Bandae Jireugi and do Dollyo chagi right away. • Use your waist when punching.	Be careful not to lose your balance. Connect your hand tecnniques and kick smoothly.

63회 (준비물 : 방패미트, 킥미트)

구분	교육 시간	교육내용	주의사항
복합기술 두 번 지르고 치지르고 몸통 돌려차기	20분	● 세트: 2분 간격 30초 휴식, 총 5세트실시 ● 개인수련 8분, 혹은 파트너와 자세교정 ● 모든 동작은 하나의 동작이기에 마지막 몸통 돌려차기까지 연결이 되도록 한다. ● 치지르기의 타격목표는 턱이며, 연습 할 때에는 턱의 위치보다 높게 한다. ● 몸통 돌려차기를 할 때에 빠르게만 찬다고 하여 디딤발을 돌리지 않고 찬다면 위력적이지 못하므로 디딤발이 회전을 하도록 연습해야 한다.	지르기와 발차기의 동작이 한 동작이므로 끊어지지 않고 연결되도록 한다.

 **(preparation: mitt)**

Classification	Teaching time	Contents	Precaution
Mitt training Doobeon Jireugi → Chi Jireugi → Dollyo chagi	20 minutes	● 8 sets of 2 minutes each for training, 30 seconds for break. ● After 4 sets, change holder/striker. ● After finishing Doobeon Jireugi, execute. Chi Jireugi and do Dollyo chagi right away. ● Use your waist when punching.	Be careful not to lose your balance. Connect your hand tecniques and kick smoothly.

Chapter 9 289

 **(준비물 : 방패미트, 킥미트)**

구분	교육 시간	교육내용	주의사항
복합기술 젖혀 지르고 바로 지르고 돌려 지르고 몸통 돌려차기	20분	● 세트: 2분 간격 30초 휴식, 총 5세트실시 ● 개인수련 8분, 혹은 파트너와 자세교정 ● 젖혀 지르기를 하기 전에 몸을 바로지르기와 같은 형태로 틀어 준 상태에서 시작해야하며, 지르기를 한다는 생각으로 틀어 주어야 한다. ● 기술 연결이 잘 안될 때에는 동작을 크게 하여 연습을 해야 하며, 동작이 익숙해 지면, 빠르게 하도록 한다.	발차기를 찰 때 미리 움직이는 예비 동작이 없어야 한다.

Session 64 (preparation: mitt)

Classification	Teaching time	Contents	Precaution
Mitt training Jeocheo Jireugi → Baro Jireugi → Dollyo Jireugi → Dollyo chagi	20 minutes	● 8 sets of 2 minutes each for training, 30 seconds for break. ● After 3 punches do your Dollyo chagi right away. ● Use your waist when punching. ● For the first time, practice slowly.	Be careful not to lose your balance. Connect your hand tecnniques and kick smoothly.

Chapter 9 291

 **(준비물 : 방패미트, 킥미트)**

구분	교육시간	교육내용	주의사항
복합기술 앞발 안 아래 돌려차고 바로 지르고 젖혀 지르기	20분	● 세트: 2분 간격 30초 휴식, 총 5세트실시 ● 개인수련 8분, 혹은 파트너와 자세교정 ● 아래 돌려차기를 차고 발의 위치는 한발바닥 앞쪽에 위치 하도록 해야 한다. 만약 그냥 제자리에 위치한다면 지르기 동작에 체중이 실리지 않기 때문이다. ● 젖혀 지르기의 타격목표는 복부이며, 이때에는 늑골 아래 쪽을 향하여 연습한다.	중심고가 높아지지 않도록 주의하면서 연습해야 한다.

Session 65 (preparation: mitt)

Classification	Teaching time	Contents	Precaution
Mitt training Balbutyeo chagi (Target is inside of front leg) → Baro Jireugi → Jeocheo Jireugi	20 minutes	● 8 sets of 2 minutes each for training, 30 seconds for break. ● After 4 sets, change holder/striker. ● After Balbutyeo chagi put your front foot on the ground and at the same time punch. ● Use your waist when punching. ● For the first time, practice slowly.	Be careful not to lose your balance. Connect your hand tecnniques and kick smoothly.

66회 (준비물 : 방패미트, 킥미트)

구분	교육 시간	교육내용	주의사항
복합기술 앞발 안 아래 돌려차고 반대 지르고 얼굴 돌려차기	20분	● 세트: 2분 간격 30초 휴식, 총 5세트실시 ● 개인수련 8분, 혹은 파트너와 자세교정 ● 앞발 안 아래 돌려차기를 차고 발의 위치는 처음에 위치했던 곳에 놓아야 하며, 반대지르기의 연결이 바로 이어져야 한다. 이 동작이 우선 연습이 되어야 하기 때문에 반복해서 연습한다. ● 처음 동작 연결이 잘되면 반대지르기에 이어서 얼굴 돌려차기를 연결해야 하며, 몸에 너무 힘을 주지 않고 차도록 한다.	강하게 하기 보다는 빠르고 정확하게 연습해야 한다.

Session 66 (preparation: mitt)

Classification	Teaching time	Contents	Precaution
Mitt training Balbutyeo chagi (Target is inside of front leg) → Baro Jireugi → Dollyo Chagi	20 minutes	• 8 sets of 2 minutes each for training, 30 seconds for break. • After 4 sets, change holder/striker. • After doing Balbutyeo chagi put your front foot on the ground then punch and kick. • Use your waist when punching. • For the first time, practice slowly.	Be careful not to lose your balance. Connect your hand tecnniques and kick smoothly.

Chapter 9 295

67회 (준비물 : 방패미트, 킥미트)

구분	교육 시간	교육내용	주의사항
복합기술 몸통 돌려차고 바로 지르고 돌려 지르고 얼굴 돌려차기	20분	● 세트:2분 간격 30초 휴식, 총 5세트실시 ● 개인수련 8분, 혹은 파트너와 자세교정 ● 몸통 돌려차고 발은 앞쪽에 위치해야 하며, 이때 너무 강하게 차지 않고 가볍고 빠르게 차도록 해야 한다. ● 몸통 돌려차기를 차면 발이 바뀌게 됨으로 지르기 연습은 항상 한쪽 방향으로 연습하는 것이 아니라, 양쪽 방향에서의 연습이 되어 있어야 한다.	몸의 중심이 많이 흔들릴 수 있으니 중심을 잘 잡고 연습해야 한다.

Session 67 (preparation: mitt)

Classification	Teaching time	Contents	Precaution
Mitt training Dollyo Chagi → Baro Jireugi → Dollyo Jireugi → Dollyo Chagi	20 minutes	• 8 sets of 2 minutes each for training, 30 seconds for break. • After 4 sets, change holder/striker. • Use your waist when punching and kicking. • For the first time, practice slowly because this combination is pretty complicated. • Practice this in both stances.	Be careful not to lose your balance. Connect your hand tecnniques and kick smoothly.

Chapter 9 297

68회 (준비물 : 방패미트, 킥미트)

구분	교육 시간	교육내용	주의사항
복합기술 앞발 앞차고 두 번 지르고 내려차기	20분	● 세트: 2분 간격 30초 휴식, 총 5세트실시 ● 개인수련 8분, 혹은 파트너와 자세교정 ● 앞발 앞차기를 찰 때에는 상체가 뒤쪽으로 젖혀지지 않도록 해야 한다. ● 앞쪽의 상대가 뒤로 빠지고 있다 생각을 해야 한다. 그렇기 때문에 두 번 지르기와 찍어차기는 제자리에서 하기 보다는 앞으로 나가면서 하도록 한다.	제자리에서 하기 보다는 앞으로 이동 한다는 생각으로 연습 하도록 한다.

 (preparation: mitt)

Classification	Teaching time	Contents	Precaution
Mitt training Ap Chagi (with front foot) → Doobeo Jireugi → Naeryeochagi (downward kick)	20 minutes	• 8 sets of 2 minutes each for training, 30 seconds for break. • After 4 sets, change holder/striker. • Straighten your back when kicking. • Use your waist when punching and kicking. • For the first time, practice slowly. • Practice this combination in both stances.	Be careful not to lose your balance. Connect your hand techniques and kick smoothly while moving forward.

 **(준비물 : 방패미트, 킥미트)**

구분	교육시간	교육내용	주의사항
복합기술 반대 지르고 뒷차기	20분	● 세트: 2분 간격 30초 휴식, 총 5세트실시 ● 개인수련 8분, 혹은 파트너와 자세교정 ● 뒤차기는 충분한 연습을 하지 않은 상태로 차면 부상의 우려가 있다. ● 반대지르기는 상대의 시선을 뺏기 위한 속임수 임으로 빠르게 진행한다. ● 몸을 정면으로 향하다 다시 뒤로 회전을하는 동작 이므로 충분한 연습이 필요하다.	반대지르기와 뒷차기의 연결성에 집중한다.

Session 69  (preparation: mitt)

Classification	Teaching time	Contents	Precaution
Mitt training Bandae Jireugi → Dwi chagi (back kick)	20 minutes	• 8 sets of 2 minutes each for training, 30 seconds for break. • After 4 sets, change holder/striker. • Punch fast in order to deceive your enemy and execute Dwi chagi. • Use your waist when punching and kicking. • For the first time, practice slowly. • Practice this combination in both stances.	Be careful not to lose your balance.

Chapter 9

 **(준비물 : 방패미트, 킥미트)**

구분	교육 시간	교육내용	주의사항
복합기술 반대 지르고 뒤 후려차기	20분	● 세트: 2분 간격 30초 휴식, 총 5세트실시 ● 개인수련 8분, 혹은 파트너와 자세교정 ● 뒤후려차기는 충분한 연습을 하지 않은 상태로 차면 부상의 우려가 있다. ● 반대지르기는 상대의 시선을 뺏기 위한 속임수 임으로 빠르게 진행한다. ● 몸을 회전하는 동작은 실전성보다는 운동성에 더 적합하다. 실전성이 없는 것은 아니지만 태권도에서 몸을 회전한다는 것은 숙련되지 않으면 매우 위험한 무술적 몸놀림임으로 이점을 염두에 두고 수련한다.	뒤후려차기는 근력이 없거나 유연성이 없으면 발목을 다칠 염려가 있으니 각별히 주의한다.

 (preparation: mitt)

Classification	Teaching time	Contents	Precaution
Mitt training Bandae Jireugi → Dwi Hurye chagi (360 degrees spining kick)	20 minutes	• 8 sets of 2 minutes each for training, 30 seconds for break. • After 4 sets, change holder/striker. • Punch fast in order to deceive your enemy and execute Dwi Huryeochagi. • For the first time, practice slowly. • Practice this combination in both stances.	Be careful not to lose your balance.

Chapter 9 303

71회 (준비물 : 방패미트, 킥미트)

구분	교육 시간	교육내용	주의사항
복합기술 두 번 지르고 뒤차기	20분	● 세트: 2분 간격 30초 휴식, 총 5세트실시 ● 개인수련 8분, 혹은 파트너와 자세교정 ● 세가지의 동작은 한 동작처럼 구사해야함으로 기술이 늘지 빨리 늘지 않으니 꾼준한 수련이 필요하다. ● 두 번 지르기도 반대지르기와 마찬가지로 강하게 지르기 보다 연결성에 집중한다. ● 뒤차기를 할 때 무릎을 스치며 직선으로 나가는지 각별히 신경 쓴다.	난이도가 높은 동작이다 초보 자들이 흉내 내다 다칠 수 있다.

Session 71 (preparation: mitt)

Classification	Teaching time	Contents	Precaution
Mitt training Doobeon Jireugi → Dwi chagi (back kick)	20 minutes	● 8 sets of 2 minutes each for training, 30 seconds for break. ● After 4 sets, change holder/striker. ● Punch fast in order to deceive your enemy and execute Dwi chagi. ● Don't open your knee to the outside when doing Dwi chagi. ● The direction of Dwi chagi should be straight towards your opponent.	Be careful not to lose your balance.

72회 (준비물 : 방패미트, 킥미트)

구분	교육 시간	교육내용	주의사항
복합기술 두 번 지르고 뒤 후려차기	20분	● SET:2분 간격 30초 휴식, 총 5세트실시 ● 개인수련 8분, 혹은 파트너와 자세교정 ● 세가지의 동작은 한 동작처럼 구사해야 함으로 기술이 빨리 늘지 않으니 꾸준한 수련이 필요하다. ● 신체의 균형과 미트를 타격할 때 거리를 잘 조절해야 한다. ● 뒤후려차기는 발차기중 가장 난이도가 높은 동작이니 수련생들에게 잘 설명 해준다.	난이도가 높은 동작이다 초보자들이 흉내 내다 다칠 수 있다.

Session 72 (preparation: mitt)

Classification	Teaching time	Contents	Precaution
Mitt training Doobeon Jireugi → Dwi Huryeo chagi (360 degrees spining kick)	20 minutes	● 8 sets of 2 minutes each for training, 30 seconds for break. ● After 4 sets, change holder/striker. ● Punch fast in order to deceive your opponent and execute Dwi Huryeochagi. ● For the first time, practice slowly.	Be careful not to lose your balance.

지금까지 72회의 프로그램은 난이도 별로 체계화 하여 프로그램화 했다. 하지만 태권도의 기술은 이외에도 무수히 많은 응용동작이 나올 수 있다.

도장에 도움이 될 수 있도록 기구와 고가의 장비는 사용하지 않았지만 태권도에 관심이 있는 수련생들과 지도자들은 그에 걸맞는 장비와 기구틀을 배치하여 수련생들의 만족도를 높이고 일도 청소년, 성인태권도를 가르치는데 도움이 될 것이다.

We have systematized 72 sessions for developing hand techniques ;
remember that there might be many more applications of Taekwondo skills. We hope this book would help you to teach students of all ages. Good luck.

◇ 부록 (보조훈련 - 손기술을 위한 중량 훈련)
(Supplementary Training - Weight Training for hand technique)

이 프로그램으로 미트나 쉴드를 사용해 태권도 손기술을 응용하고 지도할 수 있을 것이다. 이 책의 프로그램으로 인해 여러분의 도장에 많은 성인 수련생들이 모이기를 기대한다.

In this program, you will be able to apply and teach the hand techniques of Taekwondo using mitts and shields. We hope you gain many adult practitioners in your gym because of this program.

주제 subject	종류 variety	장소 place
손기술을 위한 중량훈련 Weight Training for hand technique	● 푸쉬업 Push-ups ● 밴드 훈련 Band training ● 튜빙 훈련 Tubing training ● 스쿼트 Squats ● 한팔 아령훈련 One-Arm Dumbbell Extensio ● 덤벨 삼두운동(팔 뒤로 접었다 펴기) 　 Dumbbell Kick Backs. ● 덤벨 양팔 들어올리기 　 Dumbbell Lateral Raises ● 벤치프레스 Bench press ● 수건 짜기 Wringing a Towel ● 수건 던지기 Whipping with a Towel ● 물구나무 서기 Hand-stands ● 물구나무 서서 손으로 걷기 　 Walking on one's hands	도장 In your gym

참고문헌

- **태권도교본** / 국기원 / 국기원 (1993)
- **태권도교본** / 국기원 / 오성출판사 (2005)
- **태권도기술용어집** / 국기원 연구소 / 국기원 연구소 (2010)
- **국기원 태권도1, 2급지도자 연수교재** / 국기원 / 국기원 (2012)
- **태권도 현대사와 길동무하다** / 서성원 / 상아기획 (2007)
- **우리 태권도의 역사** / 강원식·이경명 / 상아기획 (2002)
- **태권도공인품새해설** / 강익필·송남정 / 상아기획 (2007)
- **태권도의 과학** / 이정규 / 상아기획 (2012)
- **태권도 현대사와 새로운 논쟁들** / 이창후 / 상아기획 (2010)
- **태권도교본** / 이교윤 / 일신서적 (1989)
- **ITF 태권도교본** / 최홍희 / 국제태권도연맹(ITF)
- **수박도교본** / 황기 / (1970)
- **태권도 가치의 재발견** / 이경명 / 어문각 (2009)
- **체육학대사전** / 김창환 / 민중서관 (2000)
- **권법요결(拳法要訣)** / 김광석 / 동문선 (2002)
- **무예도보통지** (실기해제) / 심우성 / 동문선 (1987)
- **발경의 과학** / 길환경설 (원저)·강태정 (번역) / 서림문화사 (2009)
- **시크릿 트레이닝** / 한병철·한병기 / 파란미디어 (2011)
- **영춘권** (영춘권의 기초와 소념두의 활용) / 장량 / 인포더북스 (2011)
- **진식 태극권** / 진정뢰 (원저)·방기한 (편저) / 서림문화사 (1999)
- **태극권 추수 이론과 실기** / 진정뢰 (원저)·방기한 (편저) / 동선재 (2006)
- **실전 격투기** / 최광범·최광화·최광수 / 삼호미디어 (2009)

reference

- Kukkiwon / Taekwondo Text Book / O Seong publishing company 2006
- Kukkiwon / The 1st and 2nd level Master Course Textbook (for Kukkiwon Taekwondo Master Training Course attendees)
- Seong Won Seo / Modern History of Taekwondo / Sanga Anibig
- Kwang Seok Kim / The Essence of Hand skill (拳法要訣) / Dongmunsun publishing company 2002
- Chang Hwan Kim / The dictionary of Physical Education / Minjung Seo Gwan 2000
- eong Kyu Lee / The science of Taekwondo / Sanga Anibig 201

저자약력

책임저자

엄재영

대한민국 체육훈장 기린장 수상
2011년 대한민국 태권도품새 국가대표
제5회 WTF 세계 태권도품새선수권대회 1위
코리아오픈 국제 태권도품새대회 1위(2년 연속)
대한태권도협회장배 전국태권도품새대회 1위
세계태권도한마당 주먹격파 다수입상
세계태권도 한마당 품새부문 1위
SBS 스타킹, KBS 기인열전, MBC 과학카페 격파부분 출연
KTA 실기강사
국기원 품새강사
KTA 태권도품새풀이 저자
KTA 기본기술 지도법 및 활용 저자

안재로

2013년 세계태권도품새대회 대한민국 국가대표 코치
대한태권도협회 도장분과 및 강사
전국 품새지도자협의회 회장
세계태권도한마당 발격파 입상
춘천오픈 국제 태권도 품새대회 3관왕
대한태권도협회장배 전국 품새대회 1위 외 다수 입상
SBS 과학탐험대 격파 출연시범
태권도의 날 개막식 격파시범
2013년 코리아 춘천오픈 국제 태권도대회 개막식 격파시범
경희대학교 태권도학과 졸업
한국체육대학교 태권도학과 대학원 재학

정인철

중앙대학교 철학전공
경원대학교 태권도학 전공
국기원 교육분과 위원
세계 태권도 문화 엑스포 (World TKD Culture Expo) 강사
세계 청소년 태권도 캠프 (World Youth TKD Camp) 강사
춘천 Korea Open 국제 태권도 대회 1위
세계 태권도 한마당 공인품새 3위
대한 태권도 협회장기 전국 품새대회 1위
한국 실업연맹 회장기 전국 태권도 대회 2위
그 외 전국대회 다수 입상

Profile

Jae Young Eom

Instructor of Korea Taekwondo Association
Instructor of Kukkiwon
World Taekwondo Poomsae Championship held on WTF, 1stplace
Taekwondo poomsae competition held in the honor of KTA president, 1st place in master category
International poomsae competition held at the Korea Open, 1st place
Poomsae competition held at the World TKD Hanmadang Festival, 1st place

In Choul Jeong

Member of Kukkiwon Education Committee
Instructor of Asian Taekwondo Union
Instructor of Korea Taekwondo Association
International poomsae competition held at the Korea Open, 1st place
Taekwondo poomsae competition held in the honor of KTA president, 1st place in senior category
Taekwondo poomsae competition held in the honor of KITF president, 2ndplace

Jae Ro Ahn

Instructor of Korea Taekwondo Association
Instructor of Kukkiwon
Member of Gym sub-committee in Korea Taekwondo Association
Vice-chairman of poomsae referee in Kukkiwon
International poomsae competition held at the Korea Open, 1st place
Poomsae competition held at the World TKD Hanmadang festival, 1st place
Poomsae competition held in the honor of Woosuk university president, 1st place

Translater

In Choul Jeong

Supervisor of translationr

Andy Jeffries

2nd Class Taekwondo Master from Kukkiwon's World Taekwondo Academy
Instructor of United Kingdom Taekwondo Development Council
Instructor of World Taekwondo Changmookwan Federation
Head Instructor of Stevenage Taekwondo